聽見

**Hearing the
Voice of History**

历史的声音

文物传奇·第三季

思明区文化和旅游局
厦门新闻广播 ◎ 联合出品

《听见历史的声音》编委会◎编

厦门大学出版社
XIAMEN UNIVERSITY PRESS
国家一级出版社
全国百佳图书出版单位

图书在版编目（CIP）数据

听见历史的声音：文物传奇. 第三季 /《听见历史
的声音》编委会编. -- 厦门：厦门大学出版社，
2023.10

ISBN 978-7-5615-8819-2

Ⅰ. ①听… Ⅱ. ①听… Ⅲ. ①文物-介绍-厦门
Ⅳ. ①K872.573

中国版本图书馆CIP数据核字(2022)第190063号

出 版 人	郑文礼
责任编辑	冀　钦
特约编辑	廖婉瑜
美术编辑	李夏凌
插图绘制	张雨秋
技术编辑	朱　楷

出版发行　厦门大学出版社

社　　　址	厦门市软件园二期望海路 39 号
邮政编码	361008
总　　　机	0592-2181111　0592-2181406(传真)
营销中心	0592-2184458　0592-2181365
网　　　址	http://www.xmupress.com
邮　　　箱	xmup@xmupress.com
印　　　刷	厦门集大印刷有限公司

开本	889 mm×1 194 mm　1/32
印张	6.125
插页	2
字数	117 千字
版次	2023 年 10 月第 1 版
印次	2023 年 10 月第 1 次印刷
定价	36.00 元

本书如有印装质量问题请直接寄承印厂调换

厦门大学出版社
微信二维码

厦门大学出版社
微博二维码

编委会

序：文物遗迹的古意今情

《听见历史的声音：文物传奇》这本书，带领读者走遍厦门的大街小巷，寻访文物古迹，聆听一段段神奇的故事，感受厦门的历史积淀、文化底蕴、艺术内涵、名人行迹。

本书所含的文章，采用亲历者、观察者、研究者的口述方式，介绍文物的历史知识和遗存价值，让读者融入环境，感知文物遗迹的魅力，是一部充满人文情趣的图书。书中包含不少解说内容，为读者理解先贤的精神世界提供基础资料，帮助读者从中领略对传统的尊重和对先贤的敬仰，从而融汇古今，汲取精华，增进对厦门的了解。

本书还有一个特色，就是抓住厦门对台、对侨的优势，突出了海峡情、海丝情，充分体现厦门与台湾关系悠久密切，与东西洋交往广泛多元。本书从各个时段的文化演变，引领读者寻访历史遗迹，获得心灵慰藉。民族英雄郑成功，人们永远铭记他驱荷复台、通洋裕国的伟大功绩；华侨旗帜陈嘉庚，人们永远铭记他倾资兴学、爱国爱乡的伟大品格……这是厦门独特的历史标志，具有爱国主义教育的重要内涵。

厦门是中国最早接触西方文化、西方科学的地方之一，因此，厦门文化呈现多元化特色，主要有闽南文化、海洋文化、华侨文化、生态文化等方面，本书对此作了一些生动的叙述。书中对鼓浪屿的介绍，包括教堂、医院、学校、书局以及人物等方面，体现了这处"历史国际社区"的重要元素，让人们更加懂得珍惜。这样，就活态传承了这座世界级的遗产宝库，既有民间性，又有国际化。

我们从书中看到，厦门的文物遗迹相当丰厚，堪称一座宝藏，可以源源不断地滋养一代代人。要想留住传统文化的根脉，就必须注重那些带有文化印记的历史文物遗迹。因此我建议，今后要进一步立足高处，扩大视野，把岛外四个区的文物古迹全部汇集起来，让它们永远熠熠生辉，焕发活力，展现厦门的厚重历史，让人们都用实际行动来保护和传播中华优秀传统文化。

2017 年 7 月，鼓浪屿申遗成功，习近平总书记作出重要指示："把老祖宗留下的文化遗产精心守护好，让历史文脉更好地传承下去。"习近平总书记的重要指示，高屋建瓴、高瞻远瞩、内涵深刻，充分体现了他对历史文化遗产保护工作的高度重视，对做好下一步文化遗产保护利用传承工作提出了要求、指明了方向、提供了依据，具有重大意义。

我们要进一步深入学习和领会这一重要指示精神，切实提高对保护利用传承文化遗产工作重要性、紧迫性和必要性的认识，增强行动自觉性，不折不扣地抓好贯彻落实。要以更高标准做好厦门文物古迹的保护工作，借鉴国际先进理念，优化保护管理体制，深度挖掘文物古迹的历史、文化和科学价值，积极提升保护工作的文化内涵和科学品质，使文化遗产保护成果更多地惠及人民群众。

文物古迹有深意，当今人们有热情。历史在前进，厦门在发展。让我们在缅怀先辈业绩的同时，一起出力，共同拼搏，把高素质、高颜值的厦门，建设得更加灿烂辉煌！

权作本书之序。

2018 年 11 月 22 日
于鹭江天风阁

目录

卷首

从古城墙到古墓葬，从闽南古厝到名人故居……文物，见证历史的沧桑，也记录城市的文明。作为厦门老城区，思明区现有不可移动文物三百多处。这些珍贵文物现在在哪里？它们藏着多少鲜为人知的厦门往事？

2017年2月起，思明区文化和旅游局与厦门新闻广播联手，共同推出百集系列报道《听见历史的声音：文物传奇》，通过口述历史，追寻厦门记忆，揭示文物保护的现代意义。

卷一　厦门：不能忘却的记忆

盘石炮台遗址——厦门清晚期海防史的历史见证

光绪年间的盘石炮台

厦门是我国东南沿海重要门户，在明清时期已经成为海防军事重镇。清代光绪年间，厦门港仍保留着曾厝垵炮台、胡里山炮台、盘石炮台、屿仔尾炮台等八座炮台，分布在厦门港区海岸线和周围岛屿，成为厦门及闽南地区的海上屏障。现今仅存胡里山炮台和盘石炮台。

盘石炮台遗址位于大学路176号厦门第一干部休养所内，

距离胡里山炮台约 1 千米。盘石炮台是清晚期（1882 年）所建的海防炮台，如今仅存面积 600 平方米的遗址，且高于周围地面三四米。炮台以花岗岩条石砌成，残存炮位两个和地下弹药库。盘石炮台是清晚期厦门海防史的重要见证。1840 年，兵部尚书祁寯藻、刑部左侍郎黄爵滋奉旨来福建视察。其中，督查海防是一项重要任务。视察期间，正赶上英国兵舰在厦门海域挑起事端，英军和清军发生武装冲突，经过几个月的交战，双方各有死伤。

黄爵滋报告了这次交战的情况，他认为，炮台建于海边沙滩，沙滩沙性浮松，炮台跟脚不固，难以经久。他建议将炮台改为炮墩，所谓炮墩，就是用沙土装满麻布袋，层层堆积。将旧小渔船侧竖，作为沙袋的保护层。炮位安在沙墩里，炮口伸出两船的夹缝外。

按照这个方法，当时两任闽浙总督相继在厦门岛沿海和对岸海域安设大炮四百多门。这种沙墩土垒之法，很快成为先进经验推广至全国。

厦门文史专家彭一万告诉记者："厦门港阔水深，大小船只都可以进来，（炮台）为防英夷而设。因为英国人从大航海时代就穿过来了，所以就怕英国人侵占厦门。"

新建的炮台，从海上望去很是壮观，被清朝人称为"石壁炮台"，被洋人称为"长列炮台"。1841年七月初九，英舰再次闯入厦门港，石壁炮台成为其攻击的主要目标。在英舰炮火的掩护下，英军驾船登岸，清朝官军纷纷败走，闽浙总督颜伯焘退往同安，厦门失守。

颜伯焘像

　　1874年6月，沿海形势吃紧，重修炮台势在必行。1876年，厦门港南岸的龙角尾炮台、屿仔尾炮台，厦门港北岸的武口炮台、鸟空圆炮台和白石炮台建成。

　　1882—1886年，厦门修建盘石炮台和胡里山炮台。盘石炮台位于练军后营内，配备21生的克虏伯后膛炮二尊，1901年再作改造，驻兵四十名。此后，盘石炮台与对岸的屿仔尾炮台，以及胡里山炮台、白石炮台共同扼守厦门港海面，直至1938年的厦门防御战后，就此荒废。

> 彭一万说："盘石炮台是其中之一，但很关键，它距离胡里山炮台最多1千米，这样，八座炮台起了互相协防的作用。守住海口，就守住了九龙江，守住了南天大门。"

盘石炮台遗址

2000年，盘石炮台被公布为市级文物保护单位，并进行修缮。彭一万说："这是我们厦门市重要的历史遗址，厦门是海防城市，这些炮台记载了中国海防史、中国近代史的发展经历。"

本章图片除公共版权历史档案图片来源于网络外，其余照片由记者谢情欢拍摄。

上李水库的百年传奇

上李水库

　　文曾路上的这座上李水库是厦门历史上的第一大水库。2019 年初，具有九十多年历史的上李水库，华丽变身为一座郊野公园，吸引了众多市民、游客前往赏花踏青，一睹水库大坝的雄伟身姿。这座高达 25 米的上李水库大坝在厦门近代城建史的发展演变中，沉淀了许多鲜为人知的故事。

　　登上上李水库大坝，只见周边群山绵亘、郁郁葱葱，三面有西姑岭、东坪岭、黄厝岭环抱，还可以俯瞰城区风光，地理位置极佳。

据了解，1923 年厦门民族工商实业家黄世金和华侨实业家黄奕住等共同创办了"商办厦门自来水有限公司"。黄世金孙女黄阿娜告诉记者：

> "当年，我爷爷黄世金和侨商黄奕住等人筹办厦门自来水公司，大家推荐我爷爷为自来水公司筹办主任。他选了好多个地方，千辛万苦才找到上李这个好地方，环境好、水源充足，很适合建水库。"

黄世金出面，与上李光裕堂的李氏族人协商，对工程所需地区的坟墓和田园进行拆迁补偿，以租地的方式按年发给李氏族人补偿金，并刻立三块石碑为证，分别立于光裕堂等宗祠和上李大坝边上。

1924 年，厦门自来水公司全部工程在上海招商投标，参与投标的有中、英、荷、德、美、日等六个国家的六家公司。其中，荷兰人投标价最高，共 110 万银元；日本人投标 70 万元，为最低价标；德国人投标 90 万元。考虑到德国的技术、设备较好，自来水公司与德国西门子公司在上海签订合同，使上李水库成为近代厦门首度引进外来技术的杰作。

上李水库于 1925 年建成，第二年就发挥了实际功能。1927年全部工程完工，当年就实现了收支相抵，次年就略有盈余。

> 黄世金孙女黄阿娜说："上李水库 1925 年建成，1926 年向厦门岛供水，1930 年向鼓浪屿供水。厦门自来水公司的水质优良，可称为'东亚第一'，因此获得了'远东第一水厂'的称号。"

厦门市闽南文化研究会理事卢志明告诉记者：

> "这是一座弧形大坝，整体工程以花岗岩石条砌成，西北至东南走向。坝中部设水泵房，坝底有德国制造的钢质水闸。西部设有出入水水管，坝底墙面嵌了落款为民国十四年（1925 年）的中英文奠基石。大坝虽然是德国西门子公司设计、施工，图纸、大型机械也都是他们提供的，由西门子的技术人员指导，但是第一线的绝大多数工作，都是由具备世界一流工艺水平的闽南工匠来完成的。"

当年经过厦门港的中外船只大多喜欢在厦门加水，仅这项业务就为自来水公司带来每年 30 万元的收入。在采访中，记者看到了一张厦门股票收藏品，股票中镶嵌一幅上李水库全景图，非常漂亮。这是厦门近代史上首张嵌图式股票，这也彰显出上李水库在当时厦门城市建设中的地位和作用。

记者在思明区政协文史档案中还发现了一张特殊的老照片，照片上一群日寇正饿狼般地扑向上李水库大坝。厦门市闽南文化研究会理事卢志明告诉记者：

"日本人对厦门的野心早就存在。上李水库竞标失败后，日本人耿耿于怀，甚至由政府出面来交涉。抗战时期，1938年5月13日，日本人侵占厦门，迫不及待地分出一队兵力直扑上李水库，占领了上李大坝跟水库，掠夺了关系到整个厦门民生的命脉工程。"

时光荏苒，九十多年来，上李水库大坝虽经无数次台风甚至地震的袭击，至今没有发现破损等险情。如今，上李水库虽已结束了它向市区供水的历史使命，却又扮演起厦门历史文化传承的新角色。2016年12月，上李水库大坝被厦门市政府公布为第六批市级文物保护单位。

上李水库大坝

本章图片由记者子悦拍摄提供。

鼓浪屿上的首座领事馆——英国领事馆

英国领事馆

面积不足 2 平方千米的鼓浪屿，曾经是历史上的"万国租界"，十多个国家在这里设立领事馆。其中，位于鼓浪屿鹿礁路 16 号的英国领事馆是鼓浪屿上第一座领事馆，也是厦门首个外国领事馆。一百多年来，原英国领事馆建筑曾经在战争中被日军封闭过，也曾经在大火中被烧毁，后来还做过办公楼、陈列馆。

鸦片战争后，厦门被迫成为通商口岸，鼓浪屿被英国殖民者占据。他们看中了地理上空间独立、环境优越、交通便利的鼓浪屿，开始在厦门派驻领事。1843年，英国在厦门设立了领事事务所，随后，西方列强先后在厦门设立领事馆、总领事馆。厦门文史专家彭一万告诉记者：

"英国领事馆是各国在鼓浪屿最早建立的领事馆，当时一位叫纪里布（当时英国海军舰长）的人担任首任领事。知道他们当时在哪里办公吗？就在我们本来的兴泉永道署，也就是现在中山公园南门少儿图书馆那边。"

英国强占兴泉永道衙署（今厦门市少儿图书馆）办公，前后长达二十年。据记载，1844年11月，阿礼国继任领事后，便着手在鼓浪屿鹿耳礁修建两幢二层的洋楼，作为领事事务所办公室，并设有监狱。1870年左右，英国领事馆建成，就选址在鼓浪屿轮渡码头上岸处的鹿礁顶上。它原来是一座两层的清水红砖楼，北侧连着一层的副楼，楼前竖立着一根钢管旗杆。

清末从厦门岛寮仔后望高山远眺英国领事馆

彭一万说："我从小生活在鼓浪屿，经常跑到那边看，给我印象最深的是，这里面不仅有领事的办公室，旁边还有一个监狱，就是对付中国人的。英国人建立这个领事馆，他们的目的是来中国大做生意、大赚金钱。不仅如此，他们更大的目的是来卖鸦片，英国领事馆变成这些洋行、商家非法经营的保护者。"

清光绪四年，也就是1878年，英国领事事务所更名为厦门英国领事馆。当时，领区兼管闽南、闽西地区。领事馆有翻译、打字员、汉文抄写员三名雇员，其中翻译也代领事检验英国进出口船只。

1936 年，厦门英国领事馆升格为厦门英国总领事馆，马尔定为代理总领事。厦门英国总领事馆曾经代理过意大利、丹麦、挪威、比利时、西班牙等国家的领事。

1941 年 12 月，太平洋战争爆发，英国领事馆被日军封闭。1945 年 9 月，抗战胜利后重新开馆复办，1949 年停办。从英国殖民者到厦门建立事务所，到最终停办，一百多年里，英国人在此策划组织了诸多侵略掠夺中国的阴谋，并且直接参与贩卖华工的罪恶勾当。

彭一万说："英国人在鼓浪屿上做尽了坏事，比较恶劣的是贩卖华工。厦门是口岸，要把华工带出去，从哪里运走？基本上是从鼓浪屿，船基本上就停在现在皓月园那边。他们把这些华工集中到那个地方去，然后把船开走。"

新中国成立后，厦门英国领事馆曾一度空置。20 世纪七八十年代，厦门工业设计院曾在此办公，后又因火灾，建筑的屋顶和二楼被烧毁。我们现在在鼓浪屿鹿礁路 16 号看到的建筑是 1998 年在原英国领事馆遗址上重建的。2003 年开始，这里成了鼓浪屿景区管委会机关办公场所。

英国领事馆外观

本章图片除公共版权历史档案图片外，其余照片由记者刘普拍摄。

日本领事馆旧址背后的血泪史

日本领事馆警察署

19世纪中叶至20世纪中期的一百多年间，共有十三个国家在鼓浪屿设立领事馆或开设领事代办业务，目前仍有八处保留有建筑遗存。其中，日本领事馆旧址保存较为完整。

日本领事馆旧址位于鼓浪屿鹿礁路24号，与协和礼拜堂广场只有几十米的距离。1894年，甲午中日战争爆发，次年，清政府战败，与日本签订了丧权辱国的《马关条约》，将台湾割让给了日本。

日本强迫清政府允许他们在厦门设立领事馆。对于设立领事馆的地点，日本政府提出两个条件：一要靠近英国领事馆，二要靠近厦门岛。鼓浪屿鹿礁路便成为最佳选址。1898年，日本领事馆落成。

厦门文史专家彭一万告诉记者："厦门是一个重要的海港城市。日本是岛国，对海军、军舰非常重视。台湾在他们手上，他们看中厦门，将厦门和台湾串起来，台湾海峡变成他们在掌控。

"日本人将此地作为残害中国人的一个据点。1962年我大学毕业的时候，曾经带学生去那边参观过，那个地方当时血迹斑斑，阴森恐怖，窗门小，房间也小。抗战期间，里面聚集了不少被抓的中国人，很多人被残害而死。"

日本领事馆旧址是一座两层红砖建筑，设有地下防潮层，建筑面积为2930平方米，地上两层，地下一层。建筑采用木屋架，清水红砖外墙，砌砖工艺则是采用标准的欧式砌法。

如今的日本领事馆旧址外观

1928年，日本领事馆扩建，在侧面增建两栋红砖楼。一栋位于鹿礁路28号，是日本警察署本部。另一栋位于鹿礁路26号，作为他们的宿舍楼。其中，在日本警察署本部的地下室，隐藏着一个关押中国爱国人士的秘密监狱。抗战期间，这里是日寇拘禁、刑讯、迫害中国人的场所。

据了解，地下室的墙壁上至今仍留有被囚者用指甲或木片刻划的进出狱日期、被囚天数、被刑日期以及痛斥日本暴行的遗迹九十余处。还有被关押的抗日志士留下的抗日标语和斑斑血迹。

1936年，日本驻厦门领事馆升格为总领事馆。1945年8月15日，日本无条件投降，厦门日本总领事馆停止活动。

抗战胜利之后，国民政府将日本领事馆房产划归厦门大学。彭一万老先生说："厦门大学曾在鼓浪屿办学办公，那个地方比较宽敞，旁边也有宿舍楼，厦门大学不少教授搬到里面住。我知道著名历史学家韩国磐教授就住在宿舍二楼，我拜访过他。"

半个多世纪过去了，厦大教工陆续搬离鼓浪屿，日本驻厦门领事馆已变成了空楼。1985年10月，原日本领事馆和警察署地下监狱被福建省人民政府列为第二批福建省文物保护单位。

省级文物保护单位石碑

2016年，鼓浪屿日本领事馆旧址保护工程现场施工团队开展了修缮保护工作。小到一个门闩，大到墙面拆砌，不同的修缮内容，坚持的原则就是对文物坚持"最小干预"。

彭一万表示，日本领事馆旧址见证了近百年来我国被侵略被奴役的屈辱历史，对文物进行修缮保护，也是我们面对历史的一种责任。"我认为这些建筑物都应该好好保留下来，目前保留下来的领事馆，不管用途如何，都是很重要的历史遗存，让我们不忘历史。"

本章图片除公共版权历史档案图片外，其余照片由记者刘普拍摄。

往事昭昭：看美国领事馆旧址

美国领事馆旧址

从鼓浪屿三丘田码头往北走，在葱绿的百年榕树之下、美丽的花圃之中矗立着一栋颇具气势的花园洋楼，这就是位于鼓浪屿三明路26号的美国驻厦门领事馆旧址。

1843年10月，英国率先在厦门设置领事馆；美国政府紧随其后，1844年7月来厦设立"交通邮政办事处"兼行领事之职，同时筹备建设领事馆，旋即选址于鼓浪屿田尾"球埔边"。1865年，该办事处正式升格为美国驻厦门领事馆，以三和路也就是现在的三明路 26 号作为办公场所。1930 年翻建为办公楼。

现存的美国领事馆由美国工程师设计，被称为鼓浪屿所有领事馆中最精美的一栋。它坐西朝东，砖混结构，平面呈"H"形，朝海的东侧凹入处设置外廊，采用六根科林斯柱式的巨柱。建筑面积 1020 平方米，楼下为办公室，楼上为领事公馆。整体建筑连同花园总占地面积达 6300 平方米，花园里除了花木草地和石椅石桌外，还有网球场和排球场。

厦门文史专家彭一万介绍说："这是折中主义的美国式建筑，严谨的荷兰式砌法整体呈现了当时在美国流行的古典复兴建筑风格。以乳白色科林斯式大廊柱来突出建筑物的主立面，与紫红色砖墙、铁铸花窗栅、木制百叶窗对比非常鲜明。

美国领事馆俯瞰

它的四面山墙设三角形的屋顶装饰，坡顶铺着灰红色机平瓦。"

这栋华美的建筑见证了一个多世纪的风云变幻与历史沧桑。从清同治年间到太平洋战争爆发，美国驻厦门领事馆的领事们，根据美国政府的指令策划了一个个阴谋，在19世纪对华鸦片侵略、掠卖华工过程中，进行了可耻的勾当。

彭一万说："在1866年到1872年间，美国驻厦门领事是李仙得，这家伙是臭名昭彰的人口贩子，参与贩卖华工。他把华工集中到鼓浪屿，运到美国、南美洲修建铁路等。李仙得卸任厦门领事之后又被日本聘去当顾问，其最大的罪恶是推动阴谋策划日本侵占台湾，还亲自参加日军的侵台行动。"

当时的中国国运衰败，美国等西方列强在厦门开设的领事馆纷纷成为帝国主义、殖民主义者的帮凶。

彭一万说："李仙得的下一任巴詹声1901年提出来把鼓浪屿开辟为'万国公地'；1902年，《厦门鼓浪屿公地章程》开始生效，从此，鼓浪屿沦为

25

各国的'公共租界'，鼓浪屿的这段历史我们不能
忘怀。"

　　从 1844 年到 1941 年，美国驻厦门领事馆共派来领事
三十三人。1941 年 12 月，太平洋战争爆发，日军登上鼓浪屿，
美国领事馆被其封闭。1948 年，美国政府派柯芬来厦门办理结
束驻厦门领事馆馆务手续，后来，这里曾借给菲律宾驻厦门领
事馆使用。

　　1949 年后，这座两层美式洋房一度成为我市干部疗养所，
1979 年又改作福建省海洋研究所，甚至还开过宾馆，如今早已
停业。有关部门表示，今后有意将这里打造成为高端的美术馆。

　　作为鼓浪屿五十三个申遗核心要素之一的美国领事馆旧址，
见证了当时鼓浪屿在外交领域与美国及其他西方各国交往的历
史，是 20 世纪上半叶鼓浪屿领事馆建筑的代表。2006 年 5 月，
鼓浪屿近代建筑——美国领事馆旧址被国务院公布为全国重点
文物保护单位。

　　本章美国领事馆旧址航拍图由鼓浪屿管委会提供，历史老照片由白桦提供，
其余为记者子悦拍摄。

卷二　鼓浪屿往事

一座开启中美人文交流的闽南古厝——黄氏小宗

黄氏小宗正门

在鼓浪屿市场路的一条深巷中，坐落着一座有上百年历史的闽南古厝，名叫"黄氏小宗"。这座古厝看上去虽然不起眼，其实大有来头：它曾经是早期西方传教士的布道场所，是厦门第一个西医诊所诞生地，还见证了中美文化交流的一段历史。

黄氏小宗建于19世纪上半叶，是同安石浔黄氏迁居鼓浪屿的一个支系祠堂，也是鼓浪屿现存最早的闽南传统木构院落式民居之一。如今，这里还保留了下院门和正房。院门为砖木结构，条石门框上方镶嵌"黄氏小宗"石匾。祠堂的正上方，由时任民国政府总统黎元洪所题写的"松筠励节"四个字，格外引人注目。鼓浪屿文史研究者吴永奇告诉记者：

"这个'松筠励节'牌匾是授予黄维明夫人的，表彰黄氏家族女性的勤俭持家。黄维明夫人之所以能得到这个匾，是因为民国时期赈灾，黄氏家族捐过款。民国政府黎元洪当政时期，为了表彰对政府的大力支持，就授予这样的牌匾。用现在的话说就是领导人给你题个字，表示对你的尊重。"

黄氏小宗建筑横梁

黄氏小宗被列为鼓浪屿申遗的五十三个核心要素之一，

并不在于它是黄氏祠堂，而是因为它见证了中西文化交流的历史。

事情要从 1842 年说起。鸦片战争后，随着厦门成为通商口岸对外开放，这一年美国归正教会传教士雅裨理来到了鼓浪屿，租用黄氏小宗建立布道所。据吴永奇说：

"雅裨理是鸦片战争后第一位来到中国的传教士，他住在黄氏小宗，和自己的伙伴、医学传教士甘明一起开了西医诊所。这个诊所也成为鸦片战争后中国第一个西医诊所。美国文化和中国文化接轨的第一接触点，就是黄氏小宗。"

由于早年间雅裨理在新加坡传教，他的中文和闽南话功底十分了得。当时的福建布政使徐继畲与雅裨理结识后，就常在黄氏小宗对话交流。徐继畲不仅从雅裨理那里了解到关于世界历史地理的许多知识，还获得了雅裨理带到中国的地图册。吴永奇说：

"徐继畲想通过雅裨理了解世界各国的情况，雅裨理送给他世界地图和地球仪。那时候徐继畲是非常惊讶的，他没有想到，我们的版图在一个圆形的地球上。徐继畲对世界的了解多数来自他口中，当然还有其他的传教士。这样的讨论让徐继畬感触特别多，他就把和他们聊的内容，做了笔记，最后写了一本书，叫《瀛寰志略》。"

从 1844 年到 1848 年，徐继畬用五年时间撰写的人文地理学专著——《瀛寰志略》，为那时候闭塞的中国带来了很多颠覆性的认知。吴永奇告诉记者，这本书影响了一代人，像康有为、梁启超，还有很多没出过国的人，都是通过这本书来了解世界的地理、风俗习惯的。

作为近代中美文化交流的历史见证，2016 年黄氏小宗被市政府公布为第六批市级文物保护单位。

链接：徐继畬和他的《瀛寰志略》

徐继畬（1795—1873），山西五台人。1826 年中进士，1842 年任福建布政使，道光皇帝召见，命他办理厦门、福州两个口岸的通商事宜。由此，他多方接触欧美人士，了解近代世界的政治、经济、历史、地理等知识，并撰写了《瀛寰志略》。1865 年，他被召进京，担任总理各国事务衙门大臣，兼同文馆总管。1867 年 10 月 21 日，他接受了美国政府赠送的华盛顿画像。1869 年，他告老还乡，乡居至死。

《瀛环志略》一书对各洲之疆域、种族、人口、物产、生活、风俗、宗教等都有详细记叙。最为难得的是，这样一本地理著作，也介绍了西方民主制度，以及华盛顿等人物。

在那个时代，徐继畬能脱离一般国人的见识，认识到当时的西方政治制度的优越性，因此被看作"开眼看世界的先驱"。《瀛寰志略》对中国的戊戌变法产生了积极的影响。康有为说："始见《瀛寰志略》、地球图，知万国之故，地球之理。"梁启超说："在沪始见《瀛寰志略》，始知五大洲各国。当时中国士大夫之稍有世界地理知识，实自此始。"日本甚至把徐继畬的《瀛寰志略》当作世界指南，从1859年开始接连翻刻此书，并加注英、日文字。此书早于福泽谕吉《西洋事情》，对明治维新也有影响。《纽约时报》把徐继畬誉为"东方的伽利略"。

1998年，时任美国总统克林顿在我国进行国事访问时，在北京大学的演讲中还提到了徐继畬。他说："从我在华盛顿特区所住的白宫往窗外眺望，我们为首任总统乔治·华盛顿立的纪念碑高耸人云。这是一座很高的方尖碑，就在这个大碑邻近有块小石碑，上面刻着：'米利坚合众国以为国，幅员万里，不设王侯之号，不循世及之规，公器付之公论，创古今未有之局，一何奇也。'这些话并非出自美国人，而是由福建巡抚徐继畬所写，1853年中国政府将它勒石为碑，作为礼物赠送给我国。"

本章图片由记者谢文龙拍摄。

鼓浪屿福音堂的变迁

福音堂全景

在厦门市鼓浪屿晃岩路40号，有一幢古香古色的百年建筑：过去它是福音堂，诞生过共和国最早的女牧师；现在它是百合园托老院，曾被评为"全国养老模范机构"。老教堂何以变成了养老院？

当记者走到著名的"鼓浪屿第一别墅"黄家花园背后，一幢朴素简洁的英式建筑映入眼帘：主体长方形，方柱门廊，坡面屋顶；主色调为白色，为数不多的装饰是两侧山墙上的山花浮雕，看上去素净典雅。这里就是鼓浪屿福音堂旧址，虽然现在已成为厦门市百合园托老院，但门廊上方依然保留了"福音堂"三个大字。

厦门市基督教三自爱国会常务副主席方文良牧师告诉记者，福音堂始建于 1901 年，1903 年落成，是华人信徒自己建造的基督教教堂。

"福音堂原属于英国伦敦公会。19 世纪中叶，英国伦敦公会派传教士来厦门传教，他们在厦门建立了几个教堂，其中比较出名的是泰山和关隘内礼拜堂。这两个礼拜堂发展起来后，因为很多信徒在鼓浪屿，于是两个教堂的华人信徒就筹资在鼓浪屿晃岩路 40 号建造福音堂。"

如果说，建于 1863 年的协和礼拜堂是基督教文明传入鼓浪屿的标志，那么 1903 年福音堂的建成，则意味着基督教在鼓浪屿落地生根。因为不同于洋人专属的协和礼拜堂，福音堂主要由华人信徒筹建和管理。在三一堂出现的前三十年间，福音堂是鼓浪屿上最重要的基督教传教与活动场所，可容纳一千人左右做礼拜。

方文良牧师说："1926 年，福音堂经厦门区会审批为'鼓浪屿堂会'。1927 年，福音堂建立了教会的正式组织，选举了第一任牧师陈秋卿，也选举了长老、执事，他们从事教会的日常管理工作。"

福音堂曾与英国伦敦公会合办"福民小学"，附设"女子家政研究社"。教会内举办主日学、勉励会、识字运动、布道团、探访团、招待团、唱歌团等。据《三一堂八十年（1934—2014）》一书记载，陈秋卿牧师夫人周淑俭擅长乐理。

方文良说："几乎全鼓浪屿的教会小学学生，都受过她的音乐启蒙和培养。陈牧师夫人首先在圣诗颂赞中引入钢琴伴奏，并为教会速成培养了不少司琴同工。福音堂歌咏团在她的带领和训练下，声名远扬。1930年代初，上海丽歌唱片公司为他们录制了一套黑胶唱片，名曰《厦门圣诗》。"

陈秋卿夫妇

民国时期，福音堂蓬勃发展，信众一度爆增。由于教堂容纳不下，不得不分设教会，于是1930年在鼓浪屿内厝澳公平路建造一座石砌讲道堂（现为鼓浪屿公平路18号，即红堂旅馆），系为福音堂的支会。

　　1956年12月，福音堂传道何恩及被福建三自会按立为牧师，由此成为最早的女牧师之一。

何恩及牧师等人合影

　　方文良说："福音堂产生了第一位女牧师——何恩及牧师。在中国基督教历史上，女牧师是少有的。因为传统的男尊女卑的观念，所以在教会具体工作中，一般以男性为主，女性比较少。当时何恩及被选立为牧师，表明她的奉献精神、品德和神学修养得到大家的认可和钦佩。"

1958 年，福音堂合并于三一堂（讲道堂也同时合并到三一堂），从此停止了一切宗教活动。何恩及牧师和长老、执事等也转入三一堂继续侍奉。

"文革"期间，福音堂成为鼓浪屿高频厂生产车间。1984年 7 月 1 日落实宗教政策，政府将教堂的产权退还给市基督教两会（即厦门市基督教三自爱国运动委员会与厦门市基督教协会的合称）。直到 1991 年，高频厂才将所有生产设备清空，退还使用权。

2001 年，三一堂教友蔡德晔等人捐资对老教堂进行翻修，将福音堂创办成厦门市百合园托老院，向社会提供养老服务。

方文良牧师说："因为历史的原因，福音堂一直没有办法开放为教堂。但我们应该利用它来做有利于社会的事情。教友蔡德晔提出开办养老院的倡议，让老人在这里得到爱的服务，这个想法得到了大家支持。由于受到何恩及牧师无私奉献精神的感召，蔡德晔教友热心参与公益事业，为百合园托老院的改造捐出了一大笔资金，但不参与托老院的经营管理。目前托老院由三一堂的其他几位信徒负责管理。"

作为厦门早期基督教传播和活动的见证，2013年，鼓浪屿福音堂旧址被思明区政府列为未定级不可移动文物。

本章历史老照片由方文良牧师提供，题图为记者陈颖拍摄。

安献楼往事

安献楼

在厦门鼓浪屿西南部浪荡山东侧海边，有个地名叫作"美华"，这是因为有一对牧师夫妇，曾经在那里苦心经营一所名叫"美华"的学校。如今美华学校虽然早已不在了，但它独特的办学理念，至今值得称道。美华学校曾经的女生部教学楼——安献楼依然保存完整，成为八十年前鼓浪屿往事的见证。

安献楼位于鼓浪屿鸡山路18号，是一幢高大古朴的花岗岩建筑：长条形、三层楼，正中四根巨大的圆柱支撑门面。入口处高高的台阶通往二楼的大门，门上镌刻着三个大字——"安献楼"。

厦门市基督教三自爱国会常务副主席方文良牧师告诉记者，这栋楼就是当初美华学校女生部的教学楼，建成于1934年。之所以叫"安献楼"，是为了纪念美华学校的创办人——美国基督复临安息日会安理纯牧师（B. L. Anderson）。

"因为这栋建筑物是一位名叫安理纯的牧师建的，建完之后，奉献给了教会。大家感念他的无私奉献，把这栋楼取名为安献楼。安理纯牧师是基督福临安息日会来华的宣教士，1906年来到厦门鼓浪屿，开办了学校。他为我们这边的教育，以及教会工作的开拓，奉献了一生的心血。"

1906年，肩负着传教和办学任务的安理纯牧师夫妇来到鼓浪屿，最开始租用民房创办"育粹小学"，后来在鼓浪屿西南部"五个牌"（清政府实行海禁时曾在此设立五个禁止下海的大石牌，由此民间有了"五个牌"的俗称）海边买下大片土地，扩大办学。

1911 年，新校舍建成。安牧师把原先的育粹小学（已更名为美华小学）及教会会堂迁入新址。新校舍取名"美华神道学校"，后改名为"美华中学"，美华学校初具规模。

安理纯牧师夫妇

1928 年，安牧师又在石头山上（今鸡山路 18 号）买下一片山地，开山取石，建造一幢三层石楼，于 1934 年竣工，取名"安献楼"，后作为女生部教学楼，取名"美华中学女校"。

1935 年美华女校开学，当时女生七十多人，教员二十人。她们在这里学习圣经课，以及数理化等基础课程。

1937 年美华女子学校更名为"美华三育研究社"。1938 年，美华男、女两校合并，集中在安献楼教学。

美华三育研究社女社全体师生合影

当时美华学校的出现，实现了许多普通人家孩子的上学梦。因为安牧师鼓励学生勤工俭学，让穷孩子通过半工半读来交学杂费和生活费。

1941年12月太平洋战争爆发后，日本人占领了鼓浪屿，封闭了安献楼。美华学校不得不转移到漳州继续办学，直到抗战胜利后才迁回。1948年，美华学校学生已经发展到四百人。

为支撑美华学校四十多年办学，安理纯牧师夫妇不仅耗尽积蓄，还变卖家产，四处募捐。

1959 年安献楼被厦门市政府接收代管，先后当作康泰小学、音乐学校校舍使用。1984 年，政府落实宗教政策，把安献楼产权退还给教会。2001 年 5 月起，安献楼由厦门基督复临安息日会信徒捐资创办美华老人疗养院。2006 年，作为鼓浪屿近代历史的见证之一，安献楼（公布名为：安献堂）被列为全国重点文物保护单位。

本章老照片由方文良牧师提供，题图为记者陈颖拍摄。

叶清池别墅主人的传奇一生

叶清池别墅

鼓浪屿福建路历史故事极其丰富，这里为众多特色别墅、古树所围绕，美不胜收，成了许多新人拍摄婚纱照和游客拍照留念的重要据点，福建路 58 号就是其中之一。著名华侨领袖、晚清富商叶清池所建的住宅就坐落于此，它也是这位爱国实业家晚年居住的地方。

叶清池，厦门人，自幼家境贫寒，年少时曾赴菲律宾经商，累积一定资本和经验后，开办了商号"捷丰号"，主要经营糖类和杂货。由于经营有方，他的生意蒸蒸日上，又发展出"捷发""捷茂"等商号，形成捷字系列商行的架构。经过数十年的奋斗，叶清池成为巨富。

1897年，叶清池携眷回乡，在鼓浪屿福建路的富人区选址建造了今人俗称的"叶清池别墅"。

叶清池因年幼失学，返乡后特别热心教育事业。为了改变当时厦门所有学校都由西方基督教创办的情况，1898年，叶清池等六人选址同文顶上的寮仔后，开办了厦门同文书院，在厦门近代文化教育史上开辟了社会集体办学的新纪元，培养了一批学贯中西的人才。

叶清池同时还捐助厦门女子公学、华侨女学的经费，并捐款创设犯罪习艺所。叶清池玄外孙苏钟文告诉记者：

"叶清池出生贫苦，对穷人比较关心，每逢过年都会在家门口发放钱款赈灾。叶清池自己没有受过教育，但他对教育十分重视，他懂得没文化之苦。他与其他菲律宾华侨发起创办同文书院，为该校办学资助了二十几年。他关心教育事业，这是他一生最大的贡献之一。"

此外，叶清池还在厦门设立"捷字号"商行，经营钱庄、砂糖、杂货、航运等业务，参与创办厦门船坞等多项市政建设实业。在南普陀寺"欢迎美国舰队访问厦门记事"的石刻上，水陆提督洪永安，花翎道衔叶崇禄（叶清池又名叶崇禄），兴泉永道郭道直并列在最显赫的位置上，显示出叶清池在厦门政界的影响之巨。苏钟文告诉记者：

> "南普陀寺有两块石刻，记录美国大白舰队访问厦门，以及美国商务总会访问厦门时，叶清池以花翎道衔身份参加活动，为此刻石纪念，说明当时他在侨界、商界的影响。"

1927 年，叶清池在家中安然辞世，享年 81 岁。苏钟文说：

> "外界评论叶清池是侨界的翘楚。他出身贫寒，但非常勤劳，仅靠双手打拼出一方家业，有爱国爱乡之举。1920 年厦门着手市政建设，他为此发挥了很大的作用，在小走马路、中山路、大中路兴建了很多楼房，他晚年也拥护民主革命。"

叶清池居住过的别墅，是一座带院子的维多利亚风格的两层楼英式建筑，造型华美，风格典雅大方，洋溢着浓郁的欧式风情。

叶清池别墅目前只有管理人一家人居住，屋内已不见当年光景。行走在别墅外，依然能感受到，虽然经历了岁月变迁、风雨洗礼，但别墅魅力依旧。

叶清池别墅

站在别墅前方的空地上，仰头看去，别墅的立面处用太阳光束线条作为装饰，简约而美观，很有特色。目光下移，可以看到，别墅墙体的下部为花岗岩条石砌筑，最吸引目光的是别墅众多的拱形结构窗扇，外观典雅而有美感，还满足了通风遮阳的需要。苏钟文说：

"这座别墅是较早建的侨房之一，当时是三层的维多利亚风格建筑，年久失修以后，上面一层拆掉了，现在只剩下两层。这栋楼里有三代人，我外公也是在这栋房子结婚的，后来才移居到菲律宾。"

　　叶清池别墅于2002年被列为鼓浪屿重点风貌建筑，于2013年被思明区政府列为未定级不可移动文物。专家表示，叶清池别墅对研究厦门地区西洋建筑的类型、装饰艺术有一定的价值。

本章照片为记者林军拍摄。

爱国诗人林鹤年的世外"小桃源"

怡园

位于厦门鼓浪屿福建路 24 号的怡园，是晚清福建八大诗人之一林鹤年的住宅。林鹤年从台湾内渡回厦门，兴建了这座精致的山园别墅，并取名"怡园"。"怡"字是竖心旁加一个"台"字，表示林鹤年心怀台湾。

怡园建于 19 世纪末，是一幢中西合璧、错落有致的三层别墅，保存完好。怡园的外墙是清水红砖，前房呈三面突起，圆形拱门、方形立柱，充满古老的西洋风格。

　　林鹤年36岁中举，入仕后担任过不同官职近十年。直到46岁被调往台湾，他的传奇人生由此开启。林鹤年以一种"先锋"的姿态致力于台湾的开发，除了兴建铁路外，他还从欧美购买先进机器，帮台湾兴修水利，并开发金矿。1894年甲午战争爆发，林鹤年积极投入抗敌斗争，但形势已成定局。于是，林鹤年全家从台湾撤回福建，定居在鼓浪屿，兴建怡园。这是一座和家国情怀紧紧相连的私人建筑。林家后人林少彬告诉记者，取名为"怡园"，有"怡然自得"之意，同时也暗示"心怀台湾"之意。

林家后人林少彬

林少彬说："那时候日寇侵占了台湾，台湾有

个黑旗军，他就支持黑旗军打日寇，结果败了。他

对台湾失去信心，就退居厦门，在这个地方建了怡

园，其目的就是心怀台湾。"

　　林鹤年在厦期间，倡导创办东亚书院，当地后来发展轮船、矿务、报馆等事务，均因其倡导和促使而办成。当时鼓浪屿刚刚作为公共租界，而作为鼓浪屿权力机构的会审公堂中，华人代表只占一位，林鹤年力争主权，将华人代表名额争取为三个。1901年，林鹤年去世。现在的怡园，居住着林家后人。他们家人最多时，有五代人住在这里，而今怡园已成为林家子孙另一种意义上的桃花源了。

　　林少彬说："我们嫡系六代在这里居住，（这种

情况）在鼓浪屿极少。我们这个房子就是一代一代

人接续，我父亲要过世交代一句话，'房子就是自己

住，坏了自己修'。能够保留的我们还是尽量保留。"

　　来过怡园的人都知道，怡园有"三宝"。

　　"一宝"：国姓井。传说当年官兵奉命挖井，掘地皆见顽石；郑成功巡营在此，挥剑泉出，因称"剑泉"，又称"国姓井"。

国姓井

　　"二宝"：太湖石桌椅。怡园后院的石桌椅曾经是林鹤年接待好友吟诗作赋的地方，也是他与子女嬉戏庭训的地方。

　　"三宝"：小桃源石刻。在修建怡园过程中，林鹤年偶得道

小桃源石刻

光年间厦门书法家吕世宜"小桃源"石刻一块，暗自欢喜其与怡园之意相吻合，于是便作诗："心清何地不桃源，鸡犬桑麻任笑喧。"林鹤年晚年与朋友经常在"小桃源"吟诗唱和。他一生共写了两千多首诗歌。

如果说，在鼓浪屿的建筑中比庞大、比华美，这座三层小楼和她所坐落的庭院，似乎并不能占一席之地；但这座庭院所承载的历史，以及它的建造者传奇的往事，必然有着不同寻常的地位。

2018年9月，鼓浪屿怡园被福建省人民政府公布为第九批省级文物保护单位。

本章照片由记者谢倩欢拍摄。

卷三 古墓寻踪

自称"场老"的唐代"奇才"

陈黯墓

　　厦门市思明区西林社区观音山北面山腰,有一处寿龟形墓冢,刻有"唐场老陈先生茔"等字。这个"唐场老陈先生"是谁?他的身世又如何?

　　在文保员王清坡的带领下,记者驱车从西林东路行驶到观音山路,沿着山路开十几分钟后,再爬一小段山路,就来到了这座墓冢所在地。这座墓冢坐西南朝东北,总占地面积七八十平方米。墓冢呈寿龟形，以花岗岩条石围砌，三合土封顶，冢高1.2米，横径4.5米，纵径5.5米。墓围呈"风"字形，以花岗岩条石围砌。墓前有三合土墓坪。墓碑为花岗岩质，倭首，高1.25米，宽0.77米，厚0.17米，上镌行书"唐场老陈先生茔"等字。厦门文史专家彭一万老先生告诉记者，这位"唐场老陈先生"其实名叫陈黯，字希孺，号昌晦，生卒年约为805—877年，是晚唐时期厦门知名文人。

"他10岁的时候，就能够写诗了。13岁那一年，他得了天花病，脸上麻点很多，变成麻脸了。当时他去泉州拜访一个县令，对方看到他脸上到处都是斑痘痘，就戏弄他说：'你长得很"漂亮"，"花"都开在脸上，写一首诗作说一说。'没想到13岁的陈黯马上随声应道：'玳瑁应难比，斑犀岂不加。天嫌未端正，满面与汝花。'什么意思呢？就是我这样的脸就玳瑁、斑犀这样的玉石装饰都不如呢，老天爷嫌我还不够，满脸妆起花朵。所以他这个时候既诙谐又幽默，又小小个儿，但他已经才气横溢了，在闽南马上就有名声了。"

58

可是陈黯为什么叫"场老"呢？这个称呼又是谁给他取的呢？

> "这个人有很奇怪的一件事情，就是封建社会考秀才、考举人、考进士这么一直考上去，没有想到他连续考了十八次都名落孙山，都没中举中选，到了四十几岁就（觉得）算了算了，功名没有什么意思了，就在金榜山那个地方隐居。因为考了十八次都没考上，所以把自己叫作'场老'。什么是'场老'呢？就是科场老手。人们为他惋惜，所以人们就称金榜山为'场老山'以纪念他。"

陈黯一生所著诗文甚多，有《裨正书》三卷，宋代朱熹曾为此书作序，评价他"洁身江海之上，不污世俗之垢"。唐天复二年，也就是 902 年，著名文学家黄滔求得其遗稿数十篇，汇编成文集。不过这两本书已经散失。不过，在《全唐书》中还存有其《御暴说》《华心》《代黄河父老奏》等十篇名作。陈黯后半生隐居于厦门金榜山石室，死后葬在观音山北面山腰。至于他为何会葬在这里，目前暂不可知。

1982 年，陈黯墓被厦门市人民政府公布为第一批市级文物保护单位，2001 年被厦门市政府公布为厦门涉台文物古迹。

陈黯墓

本章照片由记者刘普拍摄。

鸿山上的"英雄泪"

太师太傅墓全景图

　　在厦门鸿山公园南侧山麓，有一处三百多年的古墓葬，墓主是郑成功的一对堂兄弟：郑广英和郑海英。这对兄弟生前做过些什么？为什么被合葬在这里？这个谜曾经隐藏多年，直到二十多年前才得以解开。

　　记者爬到鸿山公园半山腰上，只见一处巨大的石刻，写着"双忠魂"三个大字。石刻下不远处，有一座坟墓静卧在青松翠柏之中。墓前红色砖墙上，竖立着长方形的墓碑，上面镌刻着楷书"皇明武荣太师彦千郑公太傅涛千郑公墓"。

"双忠魂"题刻

厦门文史专家何丙仲告诉记者，这座"太师太傅墓"原本位于"双忠魂"石刻的另一侧。长期以来，墓主的身份无人知晓。道光年间《厦门志》有对这处墓地的记载，写的是"不知葬者何人"。直到1994年，坟墓被迁移到现在这个位置，从墓葬中发掘了一块墓志铭，一切才水落石出。

"这个墓志铭说，这两个兄弟是昭明公——郑芝鹏的两个儿子（郑芝鹏有三个儿子）。老大叫郑广英，号彦千；老三叫郑海英，号涛千。从郑氏族谱来看，这两个人是郑成功的堂兄弟。当年怎么会葬在这里呢？因为在惨烈的福建海澄保卫战中，两兄弟英勇阵亡，于1650年安葬在这里。"

当时何丙仲身为厦门市博物馆副馆长，见证了太师太傅墓的迁建过程。何丙仲仔细研究过出土的墓志铭，为南明文人王忠孝撰写，上面记录了墓主郑广英、郑海英两兄弟的生前事迹。大意是说：明末清初之际，这对年轻将军随郑成功起兵抗清，1649年在抗击清兵的福建海澄保卫战中同时遇难，时年分别为20岁和17岁。

墓志铭

何丙仲说："福建海澄对郑成功来说，是一个重要的大后方，也叫'畿辅之地'。因为当年海澄的月港是一个商贸港口，在经济方面好比是郑成功的命根子。当时彦千、涛千负责镇守海澄石镇（即石码，今龙海市）这个地方。清朝进攻，'相拒半月'，大小十几战，最后'食尽援绝'，所以涛千'度

势不支，引剑刎亡'，自杀身亡。彦千去救他，俩
人同一天阵亡。永历皇帝赞赏两兄弟忠贞报国，于
是分别追封他们为太师、太傅。"

　　南明文人王忠孝为墓主撰写的墓志铭中，赞颂两兄弟"聪
明正直，生而为人者，死而为神……"而山头上的"双忠魂"
石刻，虽然没有落款，年代、作者也不详，但从字义及位置推
测，当为纪念这对忠勇的将军所写。

　　厦门迄今发现的"南明"时期墓葬中，太师太傅墓为墓主
身份规格最高的一处。作为厦门与郑成功有关的历史遗迹之一，
太师太傅墓于1961年被公布为市级文物保护单位。

　　链接：太师太傅墓志铭

　　据《郑成功文物史迹》（厦门市郑成功纪念馆编，文物出版
社出版发行）一书介绍：

　　墓志铭于1994年迁葬时出土。灰色石墨岩质，高83.8厘米，
宽59.8厘米，厚4厘米。篆额阴刻"皇明钦赐祭葬太师彦千郑
公暨弟太傅涛千公墓志铭"，正文楷书，载述1649年郑成功之
从弟郑广英、郑海英兄弟在福建海澄石镇（即石码，今龙海市）
的抗清史事。现藏于厦门市郑成功纪念馆。

本章图片均为记者陈颖拍摄。

卷四　精美的石头会说话

演武亭：郑成功督操议事的驻节之地

演武池和演武场旧照

在厦门大学校园内，靠近西门附近的草地上，立着一块石碑，上面写着"演武亭遗址"。这块看似毫不起眼的石碑，背后却隐藏了许多故事。

说起演武亭，还得从民族英雄郑成功说起。1654 年 12 月，郑成功率部与清军顽强抗争，分兵进击，拿下同安、南安、惠安、安溪、永春、德化等地，随后，郑成功率领兵力镇守厦门。

在厦门养兵蓄锐期间，郑成功亲自督操，每天骑马往返于自己的住所和训练场（演武场）之间。时间久了，感觉十分耗费时间，1655 年，他下令让部属冯澄世（即冯工官，工官是古代一种官职）在演武场附近修建一座可供住宿、观操及指挥演练阵法的大型楼台。冯澄世即刻动工，经过三个月时间建成。

郑成功纪念馆馆长陈洋介绍说："这个亭其实是一组建筑，他观兵肯定是要很高的地方，要好几层（高），也要住宿。他就是为了晚上住宿在那边，比较忙的时候，第二天有重要的训练，他就住在那个地方。后来民间把它称作演武亭。"

此后，郑成功每在休战时期，都会集合各镇官兵，在演武场上训练士兵，演练"五梅花操法""水师合操法"等军事作战课目，郑成功几乎每天亲自督操，逐队指示，要求十分严格。

根据郑成功部属杨英在《从征实录》一书中的记载，郑成功还在演武亭训练了一支精锐部队"虎卫亲军"，号称"铁人军"。入选虎卫亲军的士兵都属于万里挑一，不但需要惊人的勇力，而且要严格听从指挥。这支劲旅的士卒，头戴铁面，身穿铁臂铁裙，手执斩马刀，并携带弓箭。

"铁人军"常作为先头部队，在与清军骑兵的搏杀中，发挥了巨大的威慑作用，后来在收复台湾的战役中，又因英勇善战，被记录在荷兰殖民者的史料中。

陈洋说："他的设计对付清朝骑兵是很有道理的，极远的地方射箭的时候我有铁甲保护，马军速度非常快的时候，一到眼前，我双手刀一横砍，就把马腿砍掉了。郑成功能根据闽南地域特点，跟清军作战的特点来改革，后来这个铁人，几乎都是开路先锋。"

　　清康熙十九年（1680年），清军攻入厦门，郑成功之子郑经在撤军台湾前下令将演武亭焚毁。1954年在厦门大学群贤楼前曾出土少量明代瓷碗及"练胆"石刻一方。石刻高0.48米，宽1.02米，据考证为郑成功演武亭之石构部件。1961年，演武亭被公布为市级文物保护单位。

本章演武场老照片由紫日提供，其余演武亭旧址照片由记者谢倩欢拍摄。

古凤凰山的历史记忆

古凤凰山

　　"海外青山山外海，凭高纵目气增豪"，这句清代名士黄日纪描写厦门胜景的诗句经常被引用，许多人耳熟能详。而在厦门的古代园林中，黄日纪的榕林别墅也时常被提及。

　　榕林别墅是清代厦门的园林式名园，建于古凤凰山南坡，因周围有六棵参天大榕树而得名。别墅的主人黄日纪，号荔崖，是清乾隆年间的著名诗人，他入仕途后屡有升迁，官至兵部武库司主事，后淡出官场，成为厦门士绅的领军人物，致力于地方文化事业。

据资料记载，黄日纪居住的榕林别墅有堂、有楼、有台、有阁、有亭、有池、有山石、有果木、有花竹，都很秀丽优美。原有赋闲亭、摩青阁、雾隐楼、榕根洞等二十四景，在他的经营之下，榕林别墅渐具规模，成为当时文人墨客、名流学士聚会的绝佳场所。厦门文史专家彭一万说：

> "榕林别墅不仅是一座别墅，而且成了文人聚会的地方。文人来自厦门、泉州、漳州等地。他们在那里写了很多诗，出了不少诗集，并有许多题刻，从乾隆年间一直到清末，共刻四十八处，具有诗情画意，大家经常围绕在一起，为他们所期望的美好生活尽情歌唱。"

清代文人薛起凤篆刻的《榕林别墅记》中写道："荔崖先生购而辟之，筑精舍于其上，佳木显，美石出，名曰榕林，从其所本有也。凿池建亭，以高者为台、平者为圃，石之大小皆镌以诗而气象焕然一新矣。"由此可见榕林别墅当年之风采。彭一万告诉记者：

"他当时回来有一定的号召力，一方面因为他自己文笔还不错，他在厦门很多地方都题写诗歌，另一方面是因为他有才干，能够吸引人家。这种文化的传承在厦门是符合历史发展规律的，一个带头人就能把人们集中起来，当然，参与者也要有威望、有水平。"

　　但随着黄家日渐败衰，榕林别墅的范围逐渐缩小。二百多年后，榕林别墅遗存不多，剩下的部分最为出名的就是古榕和巨石。记者从中山路巴黎春天商场后面顺地势走上去，穿过小走马路这条僻静的小巷，前面是定安小学，旁边就是榕林别墅的遗址。目光所及，有一株盘根错节、葱郁挺拔的参天古榕树，

榕林别墅遗址

72

下面的一方巨石背面刻着珍贵的摩崖石刻，其中就包括黄日纪所题的"古凤凰山"珍贵石刻。由于它们都存于民宅中，我们只能遥看，无法一睹真容和全貌。幸存的一榕一石见证了榕林别墅曾经是闽南文化沙龙的历史，也令人唏嘘感叹，时光流逝，岁月变迁。厦门文史专家彭一万认为：

> "厦门的历史积淀、文化底蕴和艺术内涵是丰厚的。今后我们厦门在保护文化遗产方面，要花更大力气，使中华传统文化、闽南文化得到很好的传承。"

2013 年，榕林别墅园内摩崖石刻群被思明区政府列为未定级不可移动文物。

本章照片为记者林军拍摄。

碑记里的奇闻逸事

天界寺

买彩票，和尚也"疯狂"！一百多年前，厦门发生过这样的奇闻。在厦门天界寺的一方石刻上，就清清楚楚记录了"和尚买彩票，还中了彩王"的趣事。

走进厦门万石植物园，爬上东边的山坡，只见丛林深处，有片飞檐翘角的庙宇——这里就是天界寺。寺院围墙内，镶嵌着一排历代重修天界寺的碑记。记者要寻访的，就是左边第一方碑记，年款为光绪三十三年（即1907年）。记者上前一看，只见石碑上描红的字迹密密麻麻，繁体字，没有标点，普通人并不容易读懂。

厦门文史专家何丙仲告诉记者，二十年前他到天界寺抄碑研究时，就发现这方"光绪三十三年"的题刻最有意思：旁边的碑记都刻有一长串捐款名录，公布某年某月天界寺重修，谁谁出了多少钱；唯独这块石碑记录了当年天界寺方丈锦晓和尚买彩票的趣事：

碑刻

"……（天界寺）待修孔亟。一夕，寺僧锦晓和尚忽梦神告之曰：'财非难也，得其人、得其时之为难。此月川汉彩票将为厦门人所得，子其图之。得其财以修吾庙，亦犹夫捐赀也。然子福薄，司中有李清洗者，可与之谋也。'锦晓醒而语清洗，共购一条，果中首彩。因而鸠工备材，以六月兴工，葭月落成。是役也，计费二千余金，出于锦晓者半，出于李清洗亦半。"

何丙仲说："这个碑说的是大清光绪三十三年（1907 年），天界寺方丈锦晓和尚，跟一个居士李清洗，俩人合买了一张'川汉'彩票，结果中了头彩，然后就把大奖捐出来修庙。所以，这方碑记没有集资的记录，修庙的钱'两千余金'是彩票中奖得来的。"

有趣的是，碑记中还说：厦门天界寺的方丈锦晓和尚之所以和居士合买彩票中大奖，是因为"神"的托梦。

何丙仲说："中大奖不说运气好，却说'神'来托梦！为什么会这么说呢？也许是为了让更多信众来圆仙梦，香火才会旺，所以才这么说。你想，既然神一托梦，彩票就中奖，老百姓还能不信天界寺的神明灵验？我觉得碑记上这么写，无论是不是炒作，至少可以确认：早在光绪三十三年，厦门已经有卖彩票的，说明我们厦门在彩票的行业不甘落后，连和尚都动心，下山买彩票，这个很有意思！"

据何丙仲考证：现代彩票最早出现在意大利，19 世纪末传入我国后，最先在上海流行。后来，江苏、安徽、湖北等省借建设或赈灾的名义，由清朝官方发行过彩票。天界寺锦晓和尚和李清洗合买的"川汉"彩票，可能就是这种彩票。虽然当时厦门并没有关于彩票方面的文献记载，但天界寺碑记恰好弥补了这一空缺。

还值得一提的是：碑记中还有一段意味深长的文字：

"修德在人，致富在天。故圣人曰：'富不可求'……俾人各修德以听天，慎勿谓神可行媚，财可幸得，日以意外之想，屡渎吾聪明正直之尊神哉！"

这是告诉后人：人最要紧的是品德修养，千万别心存"一夜暴富"来求神拜佛，这样会亵渎神明的！

关于这方"重修天界寺碑记"记录的奇闻逸事，如今已经收录在何丙仲编撰的《厦门石刻撷珍》一书中。2013 年，天界寺这块碑记也被思明区政府列入未定级不可移动文物。

链接：天界寺的传说

厦门天界寺，原名"醉仙岩"，俗称"仙洞"。现在这里是佛教寺院，原先却是奉祀"九仙"的道家岩庙。明万历年间同安知县倪冻《醉仙岩记》说，当地有位"池大夫"因发现此山石洞中的泉水"水浆色，味甘，恍似锡山第二泉，可为酒，其名'醉仙'。以此故，乃筑小井，前后各室一区，塑九仙祀之。"由此，奉祀九仙的祠便名为"醉仙岩"，而石洞便叫"醴泉洞"。

"池大夫"是何许人？他是明代厦门名宦池裕德，自称"池怀绰"。这位"池大夫"为官清廉，志书说他在吏部当官时父亲过世，他只带着45两银子回厦门奔丧。于是其母说："俗话当官就像银花树，我儿子可是一棵无花果啊！"

池裕德退休后，就到醉仙岩开洞喝水，修身养性。由于名人效应，醴泉洞连同那口井在厦门人心目中也就"有仙则灵"了。于是后人把醴泉洞叫作"仙洞"，时常跑到醉仙岩这座祠中问仙梦，以卜吉凶。

到了清代乾隆年间，厦门诗人黄日纪也跑到醉仙岩读书，并资助月松和尚在石洞上面修建佛寺，名为天界寺。于是礼佛求仙，各行其是。因为仙洞名声在先，佛祖的香火顺势借力，佛道一家又何妨？或许，这也是光绪三十三年那方"重修天界寺碑记"中，写道由"神"托梦，而不是诸佛菩萨托梦的原因吧！

本章图片均为记者陈颖拍摄。

万石植物园：百余处摩崖石刻集中地

象鼻峰

　　摩崖石刻是一种具有极高文物价值、史料价值和书法艺术价值的历史遗存。厦门有几处摩崖石刻比较集中的地方，其中一处就是万石植物园里的摩崖石刻群，有摩崖石刻百余处，时间上跨越了明朝、清朝、民国时期。

　　每当走进万石植物园，人们除了被园内各类植物吸引外，也会被大大小小的石刻吸引。这些石刻风格不一，它们的背后自然有一段历史故事。文博研究员何丙仲老先生告诉记者，万石植物园内的摩崖石刻一般集中在一些寺庙的周围。"因为寺庙那边人多，所以摩崖石刻就多，带有一种文学跟书法艺术价值。"

跟随着何老的介绍和讲解，记者来到万石植物园里的万石莲寺，一处刻有"象鼻峰"三个大字的石刻映入眼帘。"象鼻峰"由两块大岩石并立而成，高七八丈，左边一块岩石的顶部突兀呈弯曲状，就如同大象朝天伸着长长的鼻子。它的字幅高约3米，宽1.5米，左侧署款"李暲"，是由清朝雍正年间厦门海防同知李暲所题写的。

万石莲寺山门里大概有二三十幅石刻，其中在万石莲寺大雄宝殿后侧有一幅"闲乐居"石刻。它的字幅高0.52米，宽1.9米，是由道宗和尚在1647年到1661年之间用行草横题的石刻。

何老说："道宗和尚是福建天地会创始人之一，也是郑成功的部下。这个题刻在这里，就有很多值得我们研究的。"

在万石莲寺的石刻中，还有几处由郑成功的部下、时任思明州知州邓会所题的诗刻。其中，在万石莲寺"小桃源"洞内岩壁上，就有一幅邓会在1661年的年初，用行草直题的一首七言绝句，诗云："相别而今又一年，禅心空照海中天。潺潺春水桃花外，笑枕石床自在眠。"这个诗刻字幅高 1.5 米，宽 1 米，末行署款"三山啸庵邓会"。

在万石植物园内，还有多处有关郑成功史事的重要石刻文物。在太平岩的"石笑"刻石前，就有一幅字幅高 1.05 米，宽 1.3 米的摩崖石刻，由台湾籍诗人郑鹏云所题。

石笑

> 何老介绍说："他刻了一首七绝，叫'石不能言笑口开，读书深处有莓苔。草鸡莫问当年事，鲲海骑鲸去不回。'充满了对郑成功当年打败荷兰人，收复台湾的那种英雄气概的怀念。这首诗应该是整个山上文化水平、思想内容比较丰富的，感情也非常真挚的一首诗。"

此外，在万石植物园内，还保有两处在厦门比较少见的草书诗刻。一处位于中岩大雄宝殿旁侧斋堂后，字幅高 1.4 米，宽

1.6 米；一处位于中岩大雄宝殿左侧斋堂后，字幅高 1.4 米，宽
0.9 米。

何老说："一般我们看到的摩崖石刻都是楷
书，草书的不多。这两首诗，应该说是在厦门草书
写得最好的摩崖石刻，现在还看不出它们的作者。"

除了上面介绍的这几处摩崖石刻外，万石植物园里还有百
余处摩崖石刻，记录了一段段的历史。"整个万石山植物园范围
里的摩崖石刻大概数量应该是最多的，一百一十几处，里面可
以说是比较典型的闽南风格石刻的韵味，它们的字也好，诗也
好，这些都是我们值得文化洗礼、文化熏陶的地方。"

本章照片由何丙仲老先生提供。

魁星山摩崖石刻群和中山公园碑

中山公园碑

　　中山公园地处厦门的城市中心，1933 年基本建成，公园因纪念孙中山先生而兴建并命名。中山公园是厦门建成年代最早的公园，在风景如画的公园里有两处文物遗存尤为重要，那就是魁星山摩崖石刻群和中山公园碑。

　　从中山公园西南角的魁星山拾级而上，一幅幅颇具年代的摩崖石刻迎面可见，有的近在眼前、触手可及。魁星山上有一块高约数丈的巨石，被称为"魁星石"。魁星石西侧的清代兴泉永道署遗址，曾经是清代地方官府所在地。

　　厦门文史专家彭一万说："雍正年间，厦门'兴泉永道'管三个地方：兴化府、泉州府、永春州。现在公园南门旁边是官署所在，魁星山就是他的后花园。所以有十几处比较著名的石刻都是官署道台或是道尹题的。"

在魁星石周围的石壁上，共计有清咸丰至宣统年间的题刻十一幅。其中有周莲（清光绪年间两度任兴泉永道尹）题楷书："石瘦松肥，云痴鹤老"，还有曾宪德（清同治年间三度任福建兴泉永道尹，驻厦门）题字"三巡鹭江"，以及潘骏章的纪游、记事题刻两幅。

潘骏章题刻字幅高 0.9 米、宽 1 米，记述清代兴泉永道署在鸦片战争时被英军占领，至同治癸亥也就是 1863 年才归还，其后曾宪德重建道署，潘骏章建造休闲场所的经过。题字最多的周莲，字子迪，清光绪年间两度任兴泉永道尹。

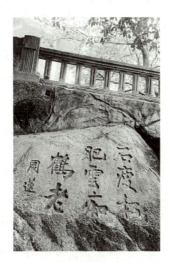

魁星山摩崖石刻群

彭一万说:"当时周莲是比较出名的,他是光绪年间来做道台的,这个人比较有学问、会写诗,也参加林尔嘉的菽庄吟社。他写的'石瘦松肥,云痴鹤老',还题一个'万壑云根',非常有气派。潘骏章在19世纪的中下叶题了个'山林逸趣',很贴近这个环境。曾宪德在同治年间三次来做道台,'三巡鹭江',写得很有气魄。"

这些摩崖石刻不仅记载故事、描绘景物,还以文载道,吸引着后人前来回溯史迹、领略风光。在这些摩崖石刻中,有一个署名为"童杭时"的小字题记"博爱"。

记者查阅史料发现：童杭时于 1877 年出生、1949 年去世，浙江嵊州人。1913 年赴日学习法政。1917 年回国，曾任孙中山大元帅府参议，历任福建高等法院院长等要职，"博爱"二字应该就是他在福建期间留下的墨宝。彭一万说："1935 年中山公园已经建起来了，童杭时纪念孙中山、孙中山最伟大的精神是'博爱'，所以'博爱'两个字刻在上面。"

现在，魁星山摩崖石刻已被厦门市人民政府公布为市级文物保护单位。厦门文史专家彭一万表示："魁星山石刻从清代一直到民国，整整延续了一百多年，有楷书、隶书和篆书，以行楷为主，非常值得我们珍惜。"

此外，中山公园另外一处颇具价值的文物是中山公园纪念碑，它位于公园东门内侧，建于 1932 年，钢筋混凝土结构，外立面为掺海蛎壳灰抹面。碑通高约 15 米，碑座为正方形，边长 4.2 米，高 3.4 米。碑身为方柱形，高 12 米，底边长 2 米，向上渐收，四棱方尖顶。碑底部四面均嵌有宽 1.4 米、高 0.8 米的花岗岩横匾，分别横刻行书"天地正气""天下为公""大行之道""古今完人"等字。

碑座正面嵌有宽 2 米、高 1.2 米的花岗岩石牌，阴刻厦门富商王永朝为兴建中山公园捐资捐地的纪念碑文。这块碑现在也已经被列为不可移动文物遗存。

本章中山公园纪念碑、魁星山文物保护碑图片为记者陈颖拍摄，其余石刻图片为记者子悦拍摄。

云顶岩：这儿有厦门岛内迄今所见最早的纪年石刻

云顶岩

    云顶岩，是厦门岛上最高的山——洪济山的主峰，高339.6米。因其风光奇美，曾被列为原厦门"大八景"之首。在云顶岩，至今已发现约三十处摩崖石刻，以明朝、清朝和民国时期为主。

    在厦门现存最早的一部地方志书《鹭江志》上曾这样记载云顶岩："其绝顶有观日台，四望环海，鸡鸣时，观日台火轮从海中跃出，甚奇。"文博研究员何丙仲介绍说，这里的摩崖石刻，主要分布于云顶岩、黯济岩、留云洞等处岩壁上。"云顶岩风景应该是厦门最好的。它的风景一个是视野好，一个是摩崖石刻多。云顶岩在厦门解放前，就是我们厦门很好的一个旅游景观、旅游景点，最高处是观日台。"

有一处摩崖石刻，上有"天际"两个大字，刻于明洪武十四年，也就是1381年，这也是目前厦门岛内迄今所见最早的纪年石刻。题刻为楷书，字幅高、宽均为1.7米，底部有莲瓣图案。

天际

何丙仲说："洪武十四年是1381年，现在都有六七百年了，还完好。明代的摩崖石刻有个特点，就是它有个画个框，下面一个莲花座，这是很重要的一个标志，是我长期在摩崖石刻的调查

研究中发现的，清朝没有这个标志，所以我们厦
门有看到加个方框，下面是莲花座，那保证是明
朝的石刻。"

在云顶岩的方广寺下面，有一块巨岩，在 1981 年间，突
然环腰裂成了两半，上部同时也垂直裂开一半，呈"上"字状。
在这个巨岩的岩壁上有楷书直题"龙门"两个大字，字幅高 1.3
米，宽 0.5 米。

龙门

"这个'龙门'没有题款，但史书上记载很早，
传说陆秀夫陪着宋代幼主帝昺来了以后就从这里经
过。我想这是山中的一条道路，并不是海边的通衢、
驿道，姑且存疑吧！"

据了解，云顶岩的摩崖石刻多为题景、纪事、诗作等，大多出自来闽为官的达官显宦及厦门籍的文人名士登游云顶岩的题作，具有较高的历史价值和书法艺术价值。

令何丙仲老先生印象深刻的还有一处刻于明隆庆六年，也就是1572年重阳节的石刻。这个石刻也是位于云顶岩方广寺下面的巨岩上，字幅高3米，宽2.7米，是丁一中、陈应鸾、池浴德等六人等登高至此，以行书题刻的六首七律唱和诗。

何丙仲说："原来不知那边有石刻，而且《厦门志》也没记载，像黄日纪写的《嘉禾名胜记》，他也没有说到里面这么一组诗。很早以前，那边长满了苔草，还有藤、泥巴，像一床被子那么厚。1998年，我偶然发现，透过苔草下面好像有字，把那个摩崖石刻几百年的苔草清除掉，我架着梯子，一个字一个字描出来，字是密密麻麻地多。"

1998年，云顶岩摩崖石刻由厦门市人民政府公布为第四批市级文物保护单位。云顶岩摩崖石刻群的发掘，也为探讨厦门文化面貌提供了重要而丰富的资料。

本章部分照片由记者刘普拍摄，龙门石刻、云顶观日碑图片由何丙仲老先生提供。

白鹿洞寺摩崖石刻群背后的故事

白鹿洞寺

白鹿洞寺是厦门知名的古寺之一，至今已有两三百年的历史，寺内留有数十处摩崖石刻。

文博研究员何丙仲老先生告诉记者，白鹿洞寺内的摩崖石刻中，有两处刻于明天启癸亥年，也就是1623年的攻剿红夷石刻，文物价值和文物保护级别较高。这两处摩崖石刻都位于白鹿洞寺内的宛在洞上，一处是赵纾的行书直行题刻，字幅高1.7米，宽0.6米。另一处是朱一冯的楷书直行题刻，字幅高、宽均为 1 米。这两处攻剿红夷石刻都是福建省文物保护单位。

宛在洞

何丙仲说："16 世纪时，欧洲荷兰人为了贸易来进犯我们的东南闽南沿海，当时的明朝政府就组织军民起来抗击，'红夷'就是荷兰人，当时我们打胜仗了，就在石头上记功。白鹿洞的摩崖石刻，这两处是最要紧的，这些都是很重要的文物，能记录明末抗击外来侵略的碑文摩崖石刻，仅我们厦门才有。"

在白鹿洞寺内的六合洞前，有一处清同治六年，也就是 1867 年的隶书直行题刻，上书"三巡鹭江"四个大字，右题"大清同治六年岁次丁卯孟秋月"，左侧署款"观察使者，楚北曾宪德识"。字幅高 2.5 米，宽 0.95 米。而在它的左侧，是清同治八年，也就是 1869 年，由刘明灯篆书直题的"重游鹿洞"石刻。

右题"大清同治八年岁次己巳孟春月",左署款"台镇使者,楚南刘明灯识",字幅高 2.5 米,宽 0.9 米。

三巡鹭江、重游鹿洞

何丙仲说:"'重游鹿洞'是用篆书写的,厦门摩崖石刻用篆书写的不多,特别是篆书的这个人叫刘明灯,同治年间,他做过台湾总兵。刘明灯在台湾也有很多事迹,'重游鹿洞'也是涉台的一块很重要的石刻文物。"

白鹿洞寺内还有一处摩崖石刻,为何丙仲老先生津津乐道,那就是位于白鹿洞寺内的宛在洞附近,在清雍正、乾隆年间,寺僧性灯直题的记录成盛和尚禅语的一处楷书石刻。它的字幅高 2.5 米，宽 3.3 米，石刻上记录的禅语是雍正甲寅年，也就是 1743 年，成盛和尚与显亲王的两段问答，探讨关于禅宗内心与外部的关系。

> 何丙仲老先生介绍说："禅宗有一些话，用一些语言，那语言是很深奥的，让你体会到禅意的。他就把这语言的问答刻在石头上，这个在白鹿洞才有。里面有一个和尚问到南方的禅和北方的禅有什么不同，大师就说'一个鼻孔出气'。很生动，南方禅和北方禅没有什么不同，一个鼻孔出气，很有禅味。如果我们有一天到白鹿洞游玩，看看当时禅宗的对答，也很有意思，这是一种对生活的开悟、对禅宗的理解。"

此外，在白鹿洞寺内，还留存记事碑记、诗刻、题记等摩崖石刻三十多处，隶书、篆书、楷书、草书皆有，内容多以记述寺宇兴废和咏景抒怀为主。

本章图片由何丙仲老先生提供。

卷五　老建筑的芳华

鼓浪屿的地标性建筑——八卦楼

八卦楼

　　鼓浪屿的地标一个是日光岩，一个是八卦楼。极富特色的八卦楼无论是从鹭江道看过去，还是从日光岩看下去，都相当醒目。

　　大名鼎鼎的八卦楼是鼓浪屿的标志性建筑之一，因为它红色穹顶上有八道棱线，顶窗呈四面八方十六向，并置于八边形的平台上，所以被称为八卦楼。八卦楼原来的主人是台湾板桥林家三房林鹤寿，他饱读经史，又工诗词，还颇有经商才能。1895 年，清政府与日本签订《马关条约》，被迫割让台湾和澎湖列岛。林鹤寿随父林维源来到厦门定居鼓浪屿，在水仙宫开设"建祥钱庄"，常常往来于厦门岛与鼓浪屿之间。已是耄耋之年的厦门文史专家龚洁，1983 年到 1991 年曾担任厦门市博物馆馆长，在八卦楼工作了八年的时间，他告诉记者：

> "林鹤寿看到鼓浪屿到处是外国人建的别墅，没有中国人建的，他不甘心，他要建超过鼓浪屿所有洋人的别墅，在三楼平台上要能看到全厦门、全鼓浪屿，他要做鼓浪屿的'基督山伯爵'。"

这一宏愿被鼓浪屿救世医院院长、美籍荷兰人郁约翰得知。由于林鹤寿曾在救世医院建院时捐助过一千银元，学土木工程、懂建筑设计的郁约翰就以无偿设计作为回报。

八卦楼设计得相当精美而又经典：漂亮的红色圆顶，四周八十二根大圆柱，给人以巍峨的感觉；古希腊陶立克和爱奥尼克柱式的柱头装饰和走廊压条下的青斗石花瓶雕件，则充分表现了中西结合的古典美；内部通道呈十字形，四面都能出入。

八卦楼圆柱

　　记者："从厦门岛看过去，鼓浪屿最明显的标志就是八卦楼红色的圆顶，这个红色的圆顶有什么由来？"

　　龚洁："是按照耶路撒冷阿克萨清真寺的石头房圆顶做的，阿克萨清真寺的圆顶是全金的，郁约

八卦楼屋顶

翰就拿到八卦楼来，作为八卦楼的象征，八条楼加二十四处窗户。圆顶 10 米高、直径也是 10 米，下边是八边形的平台，挺立在鼓浪屿上海拔 72 米处，非常突出。"

八卦楼于 1907 年开始建设，到 1920 年基本完工，总建筑面积 4623 平方米，高 26.6 米，共三层，另有地下隔潮层和一个 10 米高红顶，成为海轮出入港的航标，是厦门近代建筑的代表。可是让人没想到的是，八卦楼断断续续建了十三年，主人耗尽钱财后，却没能见到八卦楼完工，更没有住过八卦楼一天。

此后，八卦楼随着时局变化几度易主、被折腾得破败不堪。1983 年，厦门市委、市政府将其拨作博物馆，经彻底翻建，砖木地板换成了水磨石。

龚洁介绍说："修了两年，八十二根大柱跟圆顶，及其他外貌设计保留原汁原味，修旧如旧，是鼓浪屿老别墅修缮中的样板。"

1988 年 5 月，厦门市博物馆开馆。2006 年，厦门市博物馆搬至厦门市文化艺术中心，八卦楼改为厦门市风琴博物馆。

2006年5月，鼓浪屿近代建筑八卦楼被国务院公布为全国重点文物保护单位。

本章八卦楼全景照片由陈荣海拍摄，其余照片为记者子悦拍摄。

"最浪漫别墅"背后的传奇故事

黄荣远堂

在鼓浪屿福建路 32 号，有一处远近闻名的别墅，常常引来游客围观拍照，也是许多新人拍摄婚纱照片的首选。这个被称为鼓浪屿"最浪漫别墅"的黄荣远堂是全国重点文物保护单位，它的身上到底有怎样的传奇故事？

黄荣远堂位列鼓浪屿十大别墅之一，是一百多年前的老建筑。整座院落占地 3000 多平方米，主体建筑面积 1200 平方米，在建筑西北侧另有附楼。它的建筑和园林极富美感和特色，是西洋、南洋、中国古典和现代风格相结合的典范之作。鼓浪屿文化学者吴永奇说，这一建筑早先是菲律宾华侨施光从的别墅：

> "施光从回到鼓浪屿兴建了一座带有菲律宾的西班牙式建筑风格的别墅。这栋别墅采取的就是一个扇形'出龟'的模式，前边有扇形的大阳台，正方形套了一个弧形的半圆，构成了这栋房子整体的西班牙式风格。因为施光从先生长期在菲律宾经商，菲律宾曾是西班牙的殖民地，所以菲律宾的房屋风格比较接近西班牙传进来的欧式别墅的样式。"

黄荣远堂

后来，施氏家族举家迁往菲律宾生活，经林尔嘉家族"林氏府"引荐，这座别墅转让给法属越南归国华侨黄仲训家族使用。黄仲训是著名的地产商人，注册经营家族产业的管理公司名号叫"黄荣远"，此建筑作为管理机构的办公场所，所以得名"黄荣远堂"。吴永奇告诉记者：

> "黄仲训先生是越南华侨，他是房地产商。他不太能容忍西班牙建筑这种粗大的、相对笨拙的感觉。所以他想把房子做得更灵巧一点，更挺拔一点，更清秀一点。所以他采取了一些必要的手段，对这个房子进行改进。
>
> "他将这个房子原来地面上的二层改建成了三层，顶层采取了一种折线式天际线的手法，就是一种纵深的感觉，立体感会出现。加了一个带有越南风格的法式建筑款式，放在屋顶上面。
>
> "因为黄仲训先生是越南华侨，所以他受法式建筑的影响比较大，越南是法国的殖民地，就形成了黄荣远堂独特的风格，就是下边是一个西班牙的头，上面戴了一个法式的'帽子'。"

吴永奇说，黄仲训在改造完别墅后仍旧不是很满意，觉得房子不够挺拔。于是，他在别墅前挖了一个大凹坑，这样从门口进来的人首先会走到凹坑里，从凹坑看别墅，那绝对是宏伟挺拔了。

黄荣远堂

　　"然后他在院落里往下挖了一个形状如阿拉伯数字 8 的花圃。那叫聚宝盆。每当来客从他那个聚宝盆经过的时候，抬头仰望这栋房子，显得高大和挺拔，这是他造园很重要的一个手段和方式。然后，他在这个聚宝盆里边又加了一个方形的养鱼池，寓意锦上添花，中间有一块太湖石。这就是在聚宝盆里加了个钱眼，所以这个完全是中国式的思维。"

站在黄荣远堂门口仔细观看，建筑南面是宽敞的庭院，院内为中西合璧的园林。整幢别墅通体有许多大小廊柱，用整条花岗岩琢成，典型的西班牙风格，壮观秀美。庭院里修竹茂林、幽雅清静、环境优美。进入别墅内，踏上木梯到达顶层。顶层平屋顶的平面逐级后退，东南角则设置一座攒尖西式凉亭，使得顶部造型极具变化，柱头、檐口、门窗、阳台等细部装饰也非常丰富精美。吴永奇说：

"黄荣远堂的这个门楼，看过去有一种纯法式的感觉，它仿制北京早期东交民巷的法国公使馆。两边的两个小屋子，里边是门卫站岗的地方。因为鼓浪屿这个地方比较潮，门楼屋顶上，两棵榕树茁壮成长，是鼓浪屿唯一的这种门楼，屋顶上长了两棵大榕树。"

庭院西侧是中式云墙假山，假山上建有供休憩观景的两亭一榭，高低错落，曲径通幽，是典型的中式园林风格。庭院中种植桉树、柠檬、槐树、榕树，并种植迎春等各种灌木。

吴永奇说："所以这个园林整体就是这样设计的。里边的树木种植都是按照中国传统周易文化来设计布局的。这种布局适用西式的建筑构件来反映中国人的园林思想。这是鼓浪屿唯一的一个这种风格，房屋也是从西班牙式的建筑，转变成西班牙式和法式混搭的建筑。正因为这种混搭，加上中国园林的内涵特色，构成了这个庭院的唯一。"

新中国成立初期，黄荣远堂曾作为"鼓浪屿南乐社"的聚会演出剧场，历时数年。后来则作为厦门市基督教女青年会鼓浪屿分会所在地，回荡着"东方夜莺"颜宝玲女士唱片分享会的余音。《夜半歌声》等诸多影视剧作品曾在此拍摄。

正如吴永奇所说，他希望人们在走进鼓浪屿这座最浪漫的别墅的时候，能够了解到关于建筑和建筑主人的真实故事。因为这是曾经鲜活的鼓浪屿的历史，是今天传承、开发、保护的意义所在。吴永奇说：

"黄荣远堂在 20 世纪 50 年代初，是鼓浪屿南乐社的社址。好几年，在鼓浪屿想听南音，就是在黄荣远堂里听。后来很长时间，黄荣远堂的一层庭院，是鼓浪屿鹿礁幼儿园的园址，所以鼓浪屿目前的五十多岁的人，大家都习惯认为黄荣远堂是鼓浪屿鹿礁幼儿园的园址。"

作为历史的见证，鼓浪屿近代建筑群的代表之一，黄荣远堂在2013年被确立为全国重点文物保护单位。如今，黄荣远堂成为中国唱片博物馆的馆址，是我国首个国家级综合性唱片博物馆，这仿佛印证了这座建筑与音乐的不解之缘。中国唱片博物馆负责人王瑞津说：

> "我们在这栋美丽的建筑里专门开辟了一个房间，介绍黄荣远堂百年建筑之美，原来建筑样子一点没有改变，我们还做了建筑的全新模型，360度无死角看到它的美。我们还深入挖掘建筑的故事，拍摄纪录片，梳理建筑特点。"

本章照片为记者林军拍摄。

西林·瞰青别墅：笑谈古今的双别墅

瞰青别墅

在鼓浪屿日光岩脚下，有一对充满神奇色彩的历史风貌建筑——西林别墅与瞰青别墅。它们昔日的主人黄仲训（1877—1956）是法籍越南华侨，他生前在鼓浪屿经营房地产业，建造了六十多栋西式别墅，总面积约 1.8 万平方米，自己却一栋也没住过。

位于鼓浪屿永春路 71 号的瞰青别墅是黄仲训 1916 年在日

光岩下岩仔脚购地建造的别墅。黄仲训是清末秀才、法籍越南华侨。黄仲训家族的发迹颇具传奇色彩。父亲黄文华在越南曾慷慨解囊帮助过一位法国朋友，并在其建议下，将一片名为"厚芳兰"的郊区荒地买下来，数年后法国人在此建设南北越铁路，地价飙升，黄文华得到丰厚赔偿款，从此成为越南巨富。黄仲训是黄文华次子，1901年，黄文华去世，黄仲训远赴越南继承并经营父亲留下的庞大地产生意，其间加入了法国国籍。

1913年，黄仲训携资回国，用120万银元为"黄荣远堂"注册资金，开发鼓浪屿房地产并定居鼓浪屿。1916年，他在岩仔脚购地兴建瞰青别墅，1918年落成。这是一座中西合璧、中式风格为主的别墅，建筑面积达459平方米。郑成功纪念馆文博馆员陈燕茹告诉记者：

> "瞰青别墅依岩而建，坐东南向西北，砖木结构，平面呈曲尺形，前庭呈八角形，花岗岩门窗。楼高两层，一楼平檐，二楼圆拱和花叶拱相间，陶立克柱式，走廊宽敞并辅以十字勾栏，独具韵味。这座穿着法式衣服，却有着中国风格内里的建筑，恰如它主人的缩影。"

前庭八角形

　　1927 年，黄仲训在瞰青别墅西北侧修建了规模更大的西林别墅，面积达 1360 平方米，这是一座中西合璧、西洋风格为主的别墅，历时五年完工。这座别墅坐南朝北，砖混结构，地上三层，局部四层。

　　陈燕茹介绍说："建筑立面设计严谨和谐，沉稳端庄，半圆形拱廊的廊柱采用爱奥尼和科林斯复合柱式，门窗和百叶等都是西欧式样，由红木制成；而飞檐下的挑脚、勾栏的纹饰、地面的花砖、墙面的红砖以及当门的楼梯等，都具有浓郁的闽南传统建筑特色。清水红砖墙与白色洗石子装饰的壁柱、廊柱、横梁、门窗形成色彩对比，呈现出典型的20世纪初鼓浪屿华侨建筑立面设计风格。"

抗战全面爆发后，黄仲训回到越南躲避战祸，不料越南也被日军占领。日本人多次动员他出任伪职，黄仲训坚辞不就，被日军关押。日军投降后，重获自由的黄仲训身心交瘁，于1956年在越南病逝。"出没波涛三万里，笑谈古今几千年""此地有人常寄傲，问天假我几多年"，瞰青别墅门柱上的对联正是黄仲训历尽沧桑发出的感叹。

1962年，在郑成功收复台湾三百周年之际，这两栋别墅被改造成为"郑成功纪念馆"并沿用至今。

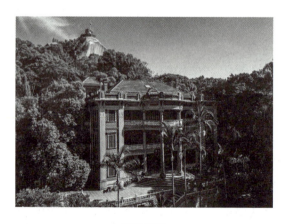

西林别墅

陈燕茹说："这两幢别墅中西合璧形成鼓浪屿建筑特有的厦门风格。由于地理位置优越，和日光

岩几乎融为一体，成为当时华侨建筑中一道独特的
风景线。与传统坐北朝南相反，西林别墅坐南朝北，
是为了俯瞰鹭江两岸风光，因此其采光和取暖都受
到影响，并不适合居住，反而用来做博物馆是最合
适的。"

从私产到博物馆，历史的巧合赋予这对传奇别墅以新生。
2006 年 5 月，鼓浪屿近代建筑西林·瞰青别墅被国务院公布为
全国重点文物保护单位。

本章西林别墅、瞰青别墅全景图片由鼓浪屿管委会提供，林乔森拍摄；花园中
远而亭照片由陈燕茹拍摄；其余照片为记者子悦拍摄。

风华绝代林氏府

林氏府

位于鼓浪屿鹿礁路 11—19 号的林氏府是台湾板桥林氏家族在鼓浪屿的故居，它在老鼓浪屿人心中的地位，有如故宫之于北京。修建"菽庄花园"的林尔嘉先生曾是这里的主人，林尔嘉居住在此期间，对鼓浪屿也作出了巨大贡献。

"板桥林家"是台湾五大家族之一。1895 年《马关条约》台湾割让给日本后，林尔嘉的父亲林维源不愿做亡国奴，毅然放弃台湾的庞大产业，率家迁回鼓浪屿居住。他买下英国船长的西洋式别墅，后又新建一栋西班牙式建筑。1905 年林维源去世，林尔嘉继承祖业。林氏府中的八角楼原为小楼的一部分，因故被烧毁后，1915 年，林尔嘉在原址建起巴洛克式五层别墅，因其外墙立面呈八边菱形而得名"八角楼"。"八角楼"正门高柱拱券、双旋台阶、门楣、窗楣都雕塑着缠枝蔷薇、飞翔白鸽，巴洛克风韵古朴而严谨。庭院前曲径铺以素彩卵石，迂回曲折，颇具江南庭院的雅韵。

林氏府

厦门文史专家彭一万告诉记者："鼓浪屿林氏府本来是三座楼，后来用廊道把它串起来，呈S形，最有特色的八角楼是一个法国设计师设计的，它除了有南欧风格，还有闽南元素，比较华丽、豪放。砖木结构，当中开了大门，两侧又开了小门，而且屋檐很宽阔，上去可以变成阳台，就是到现在也是鼓浪屿最有风格的。"

八角楼在典雅的林氏府建筑群中，宛若舞池中盛装的贵夫人，林尔嘉在林氏府住了四十多年，做了许多对厦门、福建有影响的大事。厦门文史专家彭一万说：

"他们从台湾回来，热心公益事业，资助抗战队伍，把员工都组织起来抗日。林尔嘉建了八角楼，1913年建了菽庄花园，1914年林尔嘉创立的菽庄吟社，就在林氏府里，后来就在菽庄花园与林氏府之间来来往往。林氏府房子比较大、活动地方比较宽阔，当时很多文人墨客就来这边。菽庄吟社开始组建的时候有几十人，后来达到上千人。"

1948年，林尔嘉携家眷返回台湾，并在那里度过了余生，只留下林氏府在岁月中繁华渐逝。而今的林氏府已历经百年风云，它的拱券长廊，百叶门窗，柳条木天花板，还有那两口私家水井，至今还在诉说着当年的传奇故事。因长期无人居住，2006年5月，林氏府八角楼曾遭台风损毁，另两座别墅也已成为危房。

有关部门调查发现，这套别墅共有一百二十五个关联人，散落在世界各地，无法确定产权所有人，而老宅的修缮已刻不容缓。经过鼓浪屿管委会的协调，最终促成了老宅的产权易主。

林氏府现在的业主向规划部门申请按原貌重修。现在的林氏府不仅风采重现，还华丽转身成为一家文化精品酒店。酒店负责人曾哲祺告诉记者："林尔嘉对厦门是有贡献、有故事的人，当时我们也花了巨资，请文史专家来收集资料，设计、重新复原了原本的林氏府的风格。"

历经三年重建，百年老建筑得以涅槃重生。2016年底，林尔嘉故居也就是林氏府被厦门市政府列入厦门市第六批市级文物保护单位名单，成为厦门市第三批涉台文物古迹。

本章照片由记者子悦拍摄。

往事如烟杨家园

杨家园

登上鼓浪屿，在安海路和鼓新路的拐角，有一大片风格统一、颇具气势的红色建筑及其院落，这就是鼓浪屿十大别墅之一的杨家园。

2018 年 9 月，福建省人民政府公布了第九批省级文物保护单位名单及保护范围，已是市级文物保护单位的杨家园榜上有名。根据省政府发布的省级文物保护单位资料显示：杨家园四幢洋楼由菲律宾华侨杨氏家族于 20 世纪初先后建成，四幢洋楼为一整体，内有小巷可通，各有花园配属，其供水设施先进实用，为鼓浪屿之最。杨家园建筑均为外廊式建筑，都采用清水砖墙配水刷石仿石构件，追求红砖和白色仿石的色彩、质感对比。整组建筑结合地形、地块边界条件，收放围合，空间灵活。厦门文史专家龚洁告诉记者：

> "在 20 世纪鼓浪屿的建房高潮中，约 1913 年 7 月，福建龙溪县的旅菲华侨杨知母、杨知纲兄弟，在鼓浪屿笔架山麓，向英国长老会购得旧房一座，折旧建新，建造了四栋欧式别墅，统称'杨家园'。杨家园的四栋别墅，每栋都不一样，但是都非常华贵秀美。它的柱式大多是科林斯式，凹槽罗马柱挺拔秀美，压条下的钢花雕饰也有时代气息，流畅明快。它的窗户特别美观，一楼为圆拱，二楼是尖拱，窗楣雕塑、窗柱装饰各不相同，把别墅衬托得分外秀丽。"

杨知母在菲律宾马尼拉经营五金公司，其弟知纲的儿子忠权于 1883 年出生，1897 年杨忠权随伯父杨知母赴菲律宾学做生意。杨知母的"兄弟五金公司"是个家族企业，有五个股东，杨忠权由于经营才能出众，被选为公司的"财富"也就是董事长。杨家经营钢铁和房地产，生意做得风生水起。杨忠权婚后不久便迁居鼓浪屿杨家园。

杨家园主人杨忠权全家福

当年，在杨家园的别墅之间设有专门通道，供挑水、卖菜、卖米的小贩出入，一声叫卖，别墅里的人就会出来挑拣，互不干扰。鼓浪屿上的别墅大多挖有水井，但供水系统都没有杨家园那么考虑周到、齐全先进。

龚洁说："当年鼓浪屿缺水，杨家园在建楼时，在各楼的顶层和底层都建有水池，积蓄雨水。院内还挖有水井，配上英国手压式抽水机，这套供水系统可以用来洗衣、浇花、消防甚至冲凉饮用，如今这套设备还可使用。"

　　杨忠权生有七男五女，他们分别在菲律宾、香港和美国等地生活。1989 年，杨家后人来鼓浪屿办理房产的继承手续，并将鼓新路 27 号的杨家园别墅命名为"忠权楼"，以示对先人的纪念。杨家后人早就打算将建筑面积达 1250 平方米的忠权楼捐献给政府，近期将完成相关手续的办理。杨忠权曾外孙白桦告诉记者：

　　　　"有很多人问过我：为什么要把杨家园捐给国家？我告诉他们：那是菲律宾家族的决定和愿望，是为了纪念先人的艰苦创业，把整栋楼要交给政府管理，作为鼓浪屿华侨博物馆。"

　　杨家作为名门望族，跟鼓浪屿岛上的许多名门世家都有着姻亲的渊源，也有诸多爱国爱乡、创办学校、购买飞机支持抗战等义举。杨家后人希望今后忠权楼能开辟成为华侨博物馆，一方面展示以杨忠权等鼓浪屿历史人物为代表的爱国爱乡情怀，同时也可作为海外华侨回到鼓浪屿寻根、聚会的精神家园。

本章杨家园主人杨忠权全家福老照片由杨家后人白桦提供，其余照片由记者子悦拍摄。

番婆楼的"前世今生"

番婆楼

　　在鼓浪屿最负盛名的十大老别墅中，有一栋"身世离奇"：不曾住过番婆，却被叫作番婆楼；原为私人豪宅，如今却成了"文青"胜地……这就是八十多年来风采依旧的番婆楼。

　　走到鼓浪屿安海路 36 号，迎面可见一座高大的门楼。庄重的弧形顶冠，古朴的花岗岩门柱，精致的雕花铁艺，呈现一种不凡的气势。两扇大铁门上，前后各有一个"福"字，寓意"出入平安幸福"。

进门后,沿着石阶拾级而上,只见两侧假山漏窗、诗词照壁,移步换景,目不暇接。到庭院深处,抬眼望去,一栋漂亮的老别墅始露全貌:清水红砖、拱券长廊、方柱浮雕,山墙图案既有沉鱼落雁、金猴献桃的中式浮雕,也有张开翅膀的黑人天使造型,中西合璧,富丽堂皇。

这栋老别墅不曾镌刻楼名,却被民间俗称"番婆楼"。民间传说,这栋楼是菲律宾华侨许经权为孝敬母亲蔡究(晋江人,1868—1926)而建。据说许母到了南洋后,水土不服,思乡心切,吵着要回国。儿子为表一片孝心,便选在治安比家乡好的

许经权母亲蔡究

鼓浪屿盖个楼安顿母亲。据说，许母养尊处优，穿金戴银，俨然一个南洋富婆形象，被人戏称"番婆"（即闽南语"外国女人"的意思），由此得名"番婆楼"。

但许经权的曾外孙、现住鼓浪屿的吴米纳却不以为然，认为这当中多为民间误传。番婆楼名字的由来，其实另有原因：

"说许经权孝敬母亲这没错，也是一种美谈。但实际上，我外婆（许经权六女许晴霞）跟我说：这栋楼建好后，许经权母亲还是住在旧楼（即一墙之隔的钻石楼）。因为小脚老太太不爱折腾，不爱挪窝，所以没有搬。

"我从小就听外婆讲，这栋楼的正面女墙上有个西洋女人的雕像。因为那是个外国女人，被叫番婆，于是番婆楼就这么来喽！不是因为什么穿金戴银，我后来看到老照片上许经权母亲的形象，就是一个清朝末年典型的中国妇女样子，而不是电影《黄飞鸿》里面十三姨的形象，怎么会叫番婆呢？"

据吴米纳的考证，番婆楼落成于 1924 年，当时正中女墙刻有西洋女郎侧身版浮雕。但 1959 年厦门遭遇 8·23 大台风，这一女墙被吹倒，又没留下老照片，由此"番婆楼"说法变得扑朔迷离。

番婆楼主人——许经权是何许人？根据许经权儿子许书楚生前留下的自述文字，大概可以勾勒出这位侨商的传奇人生：

许经权 1890 年 10 月 18 日出生于福建晋江檀林乡。9 岁时，许经权随父亲许志长到菲律宾马尼拉生活；13 岁，许经权在父亲开办的菲律宾第一家华人纸烟厂——泉庆烟厂中担任司库（管理财务），18 岁升任总经理，因经营有道，业绩不俗，很快富甲一方。

许经权在番婆楼前的留影

1917 年父亲许志长去世后，许经权决定回国创业。当时鼓浪屿是公共租界，治安良好，引得大批归国华侨在此定居。许经权也不例外，他先在鼓浪屿买下"钻石楼"（鼓山路 7 号，即现在吴米纳家；1922 年，许经权的六女许晴霞就出生于"钻石楼"），随后又购得旁边一块空地，盖起了番婆楼。

许书楚在自述中说，许经权经商重诚信。早年许志长在厦门开美南信局，专为菲律宾华侨代送信件与汇款，后来被三家代理商拖欠大概七万美金。结果，许经权出钱还清债务，才结束了业务。虽然这一信局为已故父亲所有，但许经权认为父债子还，责无旁贷。

在厦门开设顺庆钱庄时，许经权因用人不当，导致一些放款无法收回。但 1937 年许经权举家迁往菲律宾后，却不忘从马尼拉汇钱回厦门，并派人送款上门，挨家挨户清理客户存款。正是凭着诚信经营，许经权获得当时中国银行厦门分行行长黄伯权的支持，后来在菲律宾得以创办中菲汇兑信托局。

从 1924 年建成番婆楼，到 1937 年离开厦门，许经权在鼓浪屿居住时间并不长。但他热心厦门公共事业，曾经担任鼓浪屿医院董事、鼓浪屿电灯公司董事，还是厦门群惠小学的校董。值得一提的是，1941 年 9 月，许经权因救济抗日志士在菲律宾被日本人拘捕十七日。

1924 年番婆楼落成，当年许经权的三子许书楚就在这里出生。但是，番婆楼由谁设计？为什么这么建？怎么建成的？对许家后人而言，至今还是个谜。

吴米纳："我听外婆讲，番婆楼门窗、地板的木头用料，都是从南洋运回来的。以前把木头从南洋运回来叫作'绑船'（闽南语），相当于把木头绑在船上运回来。除了主楼外，番婆楼还有附楼，专门给佣人、伙夫、花工等住。据说当年家里请的人多，甚至请过包头巾的印度人来做门卫保安。"

1937年抗日战争全面爆发，国内局势动荡，许经权又举家迁往菲律宾。直到1956年9月病逝于马尼拉，许经权没再回到番婆楼居住。虽然许经权子女众多（三男八女），但只有六女许晴霞因为与厦门天一楼主人吴文屋七公子吴炎生联姻，1941年嫁到厦门，由此这一支在厦门生根发芽。

许晴霞与吴炎生在菲律宾马尼拉教堂结婚合影中，许经权站在新娘背后，第二排；许书楚是新郎右边第二位

随着时代变迁，番婆楼角色也不断转换：早先用作鼓浪屿医院、后来又当过鹭潮美术学校（即福州大学厦门工艺美院前身）校舍；21 世纪以来，《迷失鼓浪屿》一书作者 AIR 夫妇在这里开过一家"花时间"咖啡馆，使得番婆楼在文艺青年当中名声大噪；现在番婆楼又成为婚纱摄影基地，引得全国各地新人慕名而来。

吴米纳说，他从小在番婆楼长大，并在这里生活了三十多年。外婆 2007 年过世后，虽然番婆楼已转卖他人，但所幸老宅至今保存完整、风姿绰约。2016 年，番婆楼被厦门市政府公布为市级文物保护单位。

本章题图为记者陈颖拍摄，其余老照片（许经权、许经权母亲及许晴霞与吴炎生在菲律宾马尼拉教堂结婚合影）为吴米纳提供。

清和别墅背后的陈年轶事

清和别墅

　　在厦门东浦路，隐藏着一座精致的别墅。很少有人知道，它曾是中国东南地区最大的私家园林，建于1927年，距今已有九十多年的历史。这座别墅的主人是一名大毒枭，他曾将毒品生意做遍大半个中国，还当过汉奸。他多行不义，终未逃脱制裁。

　　清和别墅由别墅区、花圃区、园林区三个部分组成，根据别墅内八角门洞上刻着的"1927"字样，推测别墅于1927年建造。从东侧榕树门进入，穿过养心亭，大片太湖石造景的假山错落别致，亭台楼阁点缀其间——这是厦门现存规模最大的一片太湖石。过了湖中的养心亭，就进入假山区。堆叠层次丰富的假山中架以小桥，修筑石阶，十分精巧。

别墅区有一幢二层法式别墅，别墅外墙被贴上了瓷砖，内部装修大致维持原貌。别墅的装修在当年算是极尽奢华，比利时进口彩色玻璃制作成九十九扇门窗，德国的铜件做装饰，全汉白玉造的楼梯，精心拼造的中式吉祥图案作地面。

清和别墅规模有多大？厦门文史专家彭一万介绍，以它当年的规模，堪称中国东南地区最大的私家园林。鼓浪屿菽庄花园面积30亩，苏州拙政园面积78亩，而清和别墅面积则达到80.8亩。

清和别墅的主人叶清和是一名大毒枭。叶清和1898年出生于鼓浪屿，早年随父亲经营店铺。民国初期，鸦片买卖获利颇丰。常到上海进货烟酒、罐头的叶清和，将烟土夹带于饼干盒内，走私到鼓浪屿，从此走上贩毒制毒的不归路。鱼龙混杂的上海滩是叶清和的发迹之地，叶清和与杜月笙攀上关系，在"禁烟局"缉私运输科谋得职位。在职期间，叶清和利用运输"公货"夹带私货，迅速获利数万银圆的财富。

彭一万告诉记者："他用身份为自己谋取私利，除了谋取钱财之外，还继续鸦片贸易。往来于厦门和上海之间，他不仅卖，还带着批发性的样子，这样危害性就更大。"

20 世纪 30 年代初，叶清和涉足制毒行业，聘用日本技师，生产高质量毒品，倾销华北、东北、西北各省。但好景不长，1933 年，叶清和的工厂被法租界当局查封没收，他也遭逮捕。但他通过关系，获准保外就医，然后逃回厦门。

回到厦门，叶清和与国民政府的军官勾结，获得鸦片的闽南经销权。1936 年，叶清和被国民党"军统"抓获。在转移犯人时，叶清和趁日军击沉船舶之际，侥幸逃脱。之后，叶清和来到香港，开始了他的汉奸生涯。1941 年，太平洋战争爆发后，在香港的叶清和继续为日军做事，为其收购钨砂等军用物资。1944 年，在广东海陆丰地区，叶清和被中共东江抗日游击纵队抓获，后病死于狱中。彭一万说：

> "不管怎么说，叶清和的一生是罪恶的一生，他首先是汉奸卖国贼，大挣不义之财的'鸦片大王'。我们要记住他恶劣的品行，但他这一个近现代中西合璧的园林，作为一种文化遗产，也可以留给后人。"

清和别墅是一座融合中西建筑风格的中国私家园林建筑，具有一定研究价值，2015 年被定为市级第六批文物保护单位。

鼓浪屿的老公寓

厦门海关验货员公寓旧址侧面

现在一说"白领公寓",给人的第一印象就是"高尚住宅"。其实早在九十年前,这样的"高尚住宅"就已经花落鼓浪屿,有的至今还保存完好。

在鼓浪屿观海园对面,有一栋英式"红楼"格外惹眼。长条形、两层楼,清水红砖外墙,东、西、南三面外廊,看上去简洁大方。走到跟前,只见入口处门牌上蓝底白字写着"中华路2号"。

厦门文史专家何丙仲告诉记者，这栋红楼可是"国宝级"文物，它建于 1923 年，是英国人设计的白领公寓，早期住的是厦门海关英国籍验货员。"1862 年，厦门成立了海关税务司。可在当时，海关不单收税，验货也由外国人包了！当时他们办公场所是在厦门鹭江道一带（今海后路 34 号），但他们住家都选择在鼓浪屿。其中给验货员建的公寓，就是现在我们看到的，已经成为国家文物保护单位的中华路 2 号。"

　　据《厦门海关志》（科学出版社 1994 年出版）记载：厦门海关机构的设立，可以追溯到三百多年前。1684 年，清政府在福建设立"闽海关"，最初开两个口，一个在厦门，一个在福州；鸦片战争后，1862 年，外国列强根据不平等条约《天津条约》附约《通商章程善后条约》，在厦门设立海关税务司署和厦门口理船厅公所，清政府自此在列强胁迫下丧失厦门海关主权。

　　从 1862 年到 1949 年 10 月，先后在厦门实任的四十三位税务司中，"除 1949 年 8 月起由一位华员充任外，余四十二位均为外籍人。所有高级职位也大部分为外籍人所占据。清政府虽在厦门口派驻海关委员和海关监督，但其职权只限于税款的核查、护照与许可证的签发和其他登陆事项，仅仅是名义上国家主权的象征。"

作为厦门海关验货员公寓旧址，中华路 2 号这栋红楼由五个单元组成（类似五栋联排别墅），每个单元布局相同，厨房、卫生间朝北，卧室、起居室朝南。因为一位验货层高级职员独享一个单元，这栋红楼又被叫作"五间牌"（一说"五间楼"）。此外，民间还戏称这里是"老鼠橱"。

厦门文史专家何丙仲说："我小时候在鼓浪屿就听说，这里面住的都是海关老鼠。因为海关总是跟走私，特别是外国人管理，外国人走私，经常搞在一起。中国人拿他们没办法，只好损他们为海关老鼠。有人说，这楼方方正正的，外形就像老鼠橱，好比是老鼠住的地方喽。"

根据《厦门海关志》介绍，鼓浪屿当年还建有厦门海关税务司公馆（又称吡吐庐，Beach House 的音译，意为滨海之庐）和厦门海关理船厅公署（又称 Sunta Elisabeth，厦门海关理船厅公所），分别作为税务司、港务长公寓。

其中，厦门税务司公馆（今田尾路 27 号）建于 19 世纪 60 年代，曾是鼓浪屿最早的西式别墅之一，但在 20 世纪 90 年代被拆除，旧址现为新建的海上花园酒店；建于1914年的厦门海关理船厅公署（现为鼓新路60号），与厦门海关验货员公寓得以保存。

从田尾谷地到税务司（今海上花园酒店内，
照片由康奈尔大学收藏）

何丙仲说："厦门海关验货员公寓是典型的英国式建筑。你看那个柱子，雕得非常讲究，是多面体的柱子。这个叫作式的建筑风格。1949年以后，这边也是海关干部住的地方。从1923年到现在一百年了，基本上保存完好。"

厦门海关副税务司公馆，又称 Hillside House，建于19世纪60年代，英国人设计，是鼓浪屿现存最早的建筑之一。现存两栋楼，分别为1865年购买的副税务司楼（又称 Hillcrest，今漳州路 9 号）和 1870 年购买的"大帮办楼"（又称 Hillview，今漳州路 11 号）。1923—1924 年间，两栋建筑同时改建，改建后均为西式二层砖结构。其中副税务司楼大小七间，由历任副税务司居住；大帮办楼大小六间，由历任查缉副税务司居住。

2013 年，厦门海关副税务司公馆旧址与厦门海关理船厅公署旧址、厦门海关验货员公寓旧址等十七栋鼓浪屿近代建筑群，被国务院公布为第七批全国重点文物保护单位。

1862 年，外国列强根据《天津条约》的附约《通商章程善后条约》，在厦门海关税务司下设立厦门口理船厅公所（署），负责所辖区域的航运、港口、航政、海事等管理事务。这一建筑始建于 1883 年，现存的理船厅公署大楼为 1914 年翻建，分主楼和副楼，副楼紧贴于主楼左侧，有通道与主楼相通。

厦门海关理船厅公署旧址

厦门海关通讯塔于 1933 年开建，1935 年竣工使用，是海关理船厅公所（署）建造的无线电通信发射塔。厦门海关通讯塔旧址，见证了鼓浪屿社区近代通讯基础设施近代化的历程。2013 年被福建省政府公布为福建省级文物保护单位。

本章照片除历史老照片（图二）外，均为记者陈颖拍摄。

阅尽沧桑的古老红砖厝民居

大夫第红砖厝

  鼓浪屿岛上，除了有西式别墅外，其实也不乏红砖白石、双翘燕尾脊的闽南传统建筑。比如海坛路上有一栋很有名气的建筑，名叫"大夫第"，它就是鼓浪屿最古老的民居之一，属于黄氏家族产业。

  鼓浪屿大夫第建于清嘉庆、道光年间，位于鼓浪屿岩仔脚传统聚落，是来自同安石浔的黄氏家族黄勗斋及族人的宅院。

黄勗斋共生三子。长子黄琨石官至户部监印、即选知府、盐运使、中宪大夫，故黄氏在二落大厝悬挂"大夫第"匾额，显赫一时，因此这座宅院又被称为"大夫第"。文博研究员何丙仲告诉记者：

　　　　"大夫第是勗斋公建的，勗斋公的祖先在海上
　　　　做生意。厦门港的商业活跃期是清朝的嘉庆年间。
　　　　航海贸易赚的钱一是用来建房子（黄氏聚落），二
　　　　是用来捐官。在大夫第有块墓志铭，说到琨石公，
　　　　这个黄琨石很了不起，这个人是中宪大夫，是勗斋
　　　　公的长子，中宪大夫住的地方叫大夫第。厦门近代
　　　　文化最有名推动者兴泉永道周凯，其厦门的仰慕者
　　　　里，黄琨石排在最前面。黄琨石本人走文化道路，
　　　　是文化活跃分子，文化热衷者。"

　　大夫第背山面海，历史上在门口可以远眺鹭江景色。主体建筑由一座二落五开间大厝和两排护厝组成，大厝屋顶采用燕尾脊，护厝为马鞍脊。大厝前有较大厝埕。建筑墙身以红砖和石材为主要材料，外立面用红砖空斗砌成多种图案，形象生动，独具地方风格。

何丙仲说："大夫第的天井下面就有水波纹做的砖头，大海波涛装饰就是海洋文化。从这个大夫第进去看，它有它的布局。边门进去一片很大，整个大夫第阅尽沧桑，从大清嘉庆保留到现在，里面灌输着儒家思想，从渔农经济到海商再到以后黄琨石成为文化热衷者和文化推崇者。"

铜门环凹凸剥蚀，击一声绵长，再击一声悠远，声声清亮如磬。在龙头社区居委会工作人员的带领下，记者走进位于海坛路58号的大夫第。

大夫第的院门

这幢砖木石结构的典型闽南红砖古厝民居，经过岁月的洗礼，已经很旧了，难寻先前影迹。不过，我们依然可以看到连绵起伏的海浪式的大夫第燕尾式屋顶，还有朴实无华的建筑立面，内部透雕花饰和天井的过道上红砖铺砌，充分体现闽南民居建筑的传统艺术。

如今在大夫第屋里居住的是黄氏后人，住了共七户人。黄老今年86岁，妻子陈秀玉78岁，两人在这里住了数十载，现在三代同堂。记者和两位老人聊了起来，听着他们的讲述，仿佛穿越时光隧道回到了过去：

> "我们老祖宗很会选地址，日光岩下，前面对鹭江海，原来大门口就是海。这个大夫第是两落大厝还有两个护厝，是四间，后厅两个大房间，这边一个那边一个，还有个天井，前厅是两房一个厅。原来天井比较大，这个匾也是原来的，二百多年了，是我们老祖宗建的，黄勗斋，他的儿子黄琨石，黄琨石有七个儿子，逢年过节都在这边祭祖。我们原来不住在这里，后来过来住，不够住就隔成两间。现在我们住的有七户，传下来的子孙在住。"

作为鼓浪屿现存最古老的红砖厝民居之一，大夫第是闽南传统红砖厝民居的典型代表，见证了在鼓浪屿发展史上占有重要地位的黄氏家族的繁衍和发展。可以说，"大夫第"阅尽沧桑，记载往日的辉煌家世。2002 年 4 月，"大夫第"被厦门市人民政府列入重点历史风貌建筑。

本章照片为记者林军拍摄。

深田路：光阴的故事

深田路 49 号

在厦门老城区，有一条"闹中取静"的小路，名为深田路。沿途分布了不少漂亮的西式民居，其中保存最为完整的，是深田路 49 号这栋一百多岁的老洋房。

走进深田路，只见一边高楼林立，一边老住宅众多，两边形成现代与传统的鲜明对比。记者要找的深田路 49 号是一座古朴大方的老洋房。它占地 300 平方米，坐北朝南，是厦门近现代典型的、保存较好的西式别墅建筑之一。

今年 81 岁的林素贞告诉记者，这栋老洋房是她父亲印尼华侨林琼谋于 1922 年建成的。当年她父亲十几岁就去印尼打拼，经过二三十年的奋斗，积攒了资本回厦门盖房子。

"我爸爸排老二，祖籍永春，我爸爸跟着他大哥很早去印尼打拼，慢慢就有资金积累了。他很勤奋，很快就发迹了，发迹了就在家乡购置土地，包括店面。他还搞侨批，经营帆船，印尼土特产，中国的茶叶瓷器，就这么来来往往，包括和台湾的贸易，积累以后就有资本，有资本就来盖房子。"

为什么会买深田路这块地建造房子？林奶奶说，那是因为她父亲当时从事进出口贸易，这里又靠近鹭江道，所以选中了这块风水宝地，并请来南洋的建筑师做设计："外观也是中西结合，你看这个门是中国式的，这个是边门，马车和人力车从后面走，这个六角亭和罗马柱，都是罗马式的。"

按照房屋本来的设计，所有扶梯、内饰、房间都讲究中式对称。但记者发现：现在二楼靠近阳台的位置却多了一扇偏门，显得不太协调。这是怎么回事呢？林奶奶说："本来中国人最讲对称，大厅更不会挖这个小门，日本鬼子不是住榻榻米吗，他

深田路 49 号

就开这个小门，因为对面是兴亚院，深田路 42 号，兴亚院就是日本鬼子在厦门的一个领导机关，他们的军官就住在这间。"

原来，在 1938 年到 1945 年日军占领厦门期间，因为这栋房子对面就是日军侵华机构兴亚院分支的所在地，所以曾被征用为日本军官住处。直到抗日战争胜利后，民居才回到林家人手里。如今一百年过去了，老洋楼主体未曾翻建过，但保存完好，风韵犹存。

2013 年，深田路 49 号被思明区政府列入未定级不可移动文物。

林素贞说，有很多人想出天价买这栋民居，都被她婉言谢绝了。因为她最大的愿望，就是这栋祖宅能让子子孙孙传承下去。

本章老照片由林素贞提供，现今深田路49号照片由记者谢文龙拍摄。

卷六

激情燃烧的红色印记

文艺琴岛上的"红色传奇"

虎巷8号

鼓浪屿上的日光岩鼎鼎有名，但与日光岩一墙之隔的一幢老别墅却鲜为人知。20世纪30年代初，这里曾经是福建革命斗争的指挥部，中共福建省委秘密机关就曾设在这里。

在鼓浪屿上，有一条短而狭小的巷子，与日光岩仅一墙之隔，并不引人注意。这条小巷叫虎巷，巷子尽头的8号老宅，是一幢两层砖木结构的小别墅。这座建于1920年的南洋华侨私宅，在1930年8月，曾是中共福建省委机关所在地。当年省委机关为什么要选在这里呢？厦门市博物馆原馆长、文史工作者龚洁告诉记者：

"这里就是一座小别墅，条件很好。首先就是二楼有一个阳台，视角很宽，可以看到很远的地方。第二个就是小路、小巷子很多，容易疏散，不会出不去，这符合做地下秘密机关的条件。"

虎巷8号

当年罗明担任中共福建省委书记，他让刚从闽西调来的曾志把选中的别墅以私人名义租下来，作为省委机关的秘密办公场所。为遮人耳目，住在别墅里的机关工作人员伪装成一家人：其中省委书记罗明既是老板，也是大家长；他的夫人谢小梅既是老板娘，也是大嫂。同时，"家庭成员"还有省委秘书长杨适、组织部部长谢景德、宣传部部长王海萍以及他的夫人梁惠贞等。

为了让外人看起来像个商人之家，还调来了"佣人"郭香玉和她的儿子黄业章。黄业章任省委交通员，负责所有重要文件的传送工作。

> 龚洁说："虎巷8号是住人的，是联络点，省委机关在那边印刷、发号施令。几个负责人都要在那边碰头，组织部部长、宣传部部长、秘书长、书记。"

> 龚洁告诉记者，这幢别墅的大门原本装有两个小小的铺首，也就是我们常说的门环，当时就是地下党约定联络暗号的重要工具。

> "不光有敲门的暗号，还有口令。还有放东西，上面放一个东西表示安全，不放东西表示不安全。"

这个秘密办公地点投入使用不到一年就暴露了。1931年3月25日上午，国民党军警人员包围了虎巷，冲进8号小别墅，也就是省委机关所在地，将里面的财物及档案洗劫一空，并逮捕了杨适、李国珍、梁惠贞、郭香玉等在场同志。被捕后，郭香玉被关押近一年，受尽严刑拷打，始终严守党内机密；杨适被押往南京，就义于雨花台；李国珍、梁惠贞在厦门禾山刘厝村被杀害。

血雨腥风的岁月已经过去，如今虎巷8号已经成为一处"红色传奇"。原本安在别墅大门的门环，现在作为革命文物收藏于厦门市博物馆。2013年1月28日，福建省政府将这一省委机关旧址公布为福建省级文物保护单位。

本章照片由记者肖扬拍摄。

鼓浪屿上的离奇"婚礼"

曾家园历史风貌

　　假意办婚礼，实际开大会……1930年，鼓浪屿就开过一次"不同凡响"的党代会，名为"中共福建省第二次党代会"。它的召开，在福建党史上留下了怎样的一笔？故事不妨从党代会旧址说起。

　　在鼓浪屿内厝澳路449号，有一栋曾家园别墅，它就是1930年中共福建第二次党代会旧址所在地。鼓浪屿文化学者吴永奇告诉记者，曾家园别墅始建于 1920 年，占地 180 平方米，原本是印尼华侨曾坤东的产业。1930 年，时任团省委组织部部长王德利用乡亲关系，向曾坤东支付 40 块银元，租下别墅，为召开中共福建省第二次党代会做准备。当初为什么选在这里召开党代会？吴永奇道出了其中的奥秘：

> "因为这个房子地处海边，离内厝澳不远，房子背后就是酱油厂，全是酱缸，在这里开会，一旦出问题，从后墙翻出去以后，直接往海边跑，反应速度很快，这个房子想从四面把它包围不容易，只能包围三面，刚好这块区域的人也少。"

为安全起见，当时中共的很多活动都在地下进行。举行党代会，势必人多，怎么才能遮人耳目？当时党组织就想出了一个妙招——假意办婚礼，实际开大会。吴永奇说：

> "这么多人，四十多人，突然在这个地方开会，会引起很大的麻烦，怎么办呢？他们就设计了一个开会的方式，就是以结婚的方式来做的。意思是在这里举办一个婚礼，请了戏班子，请了路上所有的礼仪，抬着轿子游街。那四十多人等于就是家

里的亲属，以这个名义，把新娘子引进门。实际上这些都是自己人假扮的，进去以后，关上门，该吃吃该喝喝，好像是结婚，实际上是利用那个时段来开会。开了几天，把会议的精神传达一下。当时远道来的闽北等地代表来，伪装得特别好，因为结婚就允许有一些外头的人来。"

1930年2月15日到20日，中共福建省第二次党代会就这样在曾家园秘密召开。恽代英受中央委派以巡视员身份前来主持召开大会。会议确定了福建的政治路线和工作方针，还选举产生新一届省委领导班子，罗明为省委书记。吴永奇说：

"党代会最大的作用就是把福建省各个地方的党组织作了统一的领导，在这之前是各自为战的，就是厦门这个地界分好几股的力量，有的是从闽西来的，有的是从广东来的。各党组织，互相之间没有沟通，没有沟通就没有统一的领导，形不成一个战斗力，那一次等于是大家第一次集体见面，告诉大家省里的领导是谁，统一传达一些事情，这个会对于福建地下党来讲是非常重要的一个会。"

如今，拆倒重建的曾家园别墅已经面目一新，但这里发生的历史并没有被淡忘。2013年，中共福建省第二次党代会旧址被公布为福建省级文物保护单位。

曾家园现如今的模样

本章曾家园老照片由吴永奇提供，其余照片由记者谢文龙拍摄。

传播革命火种的国立第一侨民师范学校

厦门文联

　　思明区曾厝垵仓里路 2~3 号，是厦门市文联所在地。在厦门市文联院子里，有一栋红色小楼，现在是市文联大厦。但你可知道，在 20 世纪 40 年代，这里曾是国立第一侨民师范学校。

　　这座位于市文联院子里的小红楼，是由印尼华侨黄洁传、黄大厝在 1919 年合资兴建的私人住宅。建筑坐西北朝东南，红色清水砖砌筑，双坡布瓦顶砖木结构，平面布局呈回字形，由前后两座双层红砖洋楼和护厝组成。1945 年冬，它被选作国立第一侨民师范学校所在地。而说起国立第一侨民师范学校的选址，可谓是一波三折。厦门文史专家彭一万介绍说：

> "1941 年 11 月左右，国立第一侨民师范学校选址在长汀，后来日本鬼子又打到江西，占领赣州。赣州离长汀很近，很危险，为了保障师生生命安全，移到漳平。在漳平没有多久，抗日战争取得胜利，就移到厦门来。当时没有经费，就在曾厝垵那个地方，利用旧的地方来办学校。"

1946 年，中共闽中、闽西南、城工部三个系统的地下党组织先后在此建立党支部并进行革命运动，共发展学生、教职工和农民党员一百五十人，并曾多次领导、组织校内外反对国民党当局的罢课学潮。

其中，让彭一万老先生印象最深的是在 1948 年 5 月下旬，国立第一侨民师范学校参与组织的反对美国扶植日本的示威游行爱国学生运动。据统计，当时共有两千多名大中学生参加了这场震撼全市的示威大游行，这也成了厦门学生运动史上规模较大的一次示威游行。

"那个时候我刚刚读小学，但我印象很深刻，有一次我们在中山路走，看到有一大群人在游行。我后来查了资料才知道，原来侨师地下党组织同学参加这样的活动，表示自己的坚决态度，反对美帝国主义，反对日本军国主义。"

为了进一步发动群众投身革命，国立第一侨民师范学校的地下党组织决定在学校周围的村庄创办农民夜校，为周边的农民普及文化、时政知识。

附属第三夜校师生合影

彭老说："仓里是那么一个小地方，办了好几所夜校，还发展了十九名农民地下党员，这个很不容易。"

1949 年 7 月 25 日，国立第一侨民师范学校被国民政府教育部强令停办。从 1941 年 11 月在长汀创办到被停办，国立第一侨民师范学校历经了八年风风雨雨。

1999 年，国立第一侨民师范学校旧址被拆除，并按原样重建，成为市文联大厦。2013 年被思明区政府列为未定级不可移动文物。而值得一提的是，为了弘扬国立第一侨民师范学校的革命精神，2002 年，福建省和厦门市人民政府在国立第一侨民师范学校的原址上，竖立了一座国立第一侨民师范学校纪念碑，并决定将其旧址作为厦门市爱国主义教育基地，让国立第一侨民师范学校的革命精神代代传承。

纪念碑近景

本章图片除历史档案图片外，其余图片由记者刘普拍摄。

小洋楼的大时代

厦门各界抗敌后援会会址老照片

在厦门老城区的定安路，矗立着一幢有故事的小洋楼：民国时代，它是小有名气的私人诊所；抗战时期，变成抗敌后援会的大本营；再后来，它又成为解放战争、改革开放等一系列时代的见证。如今，这幢老洋房以"厦门各界抗敌后援会会址"

被市政府公布为文物保护单位。

走进厦门中山路，穿过一处牌坊，再爬上高高的台阶，迎面就是一幢灰白色的五层小洋房，门牌上写着"定安路71号"。它砖混结构、坐北朝南；楼上推窗能望海，视野开阔。房屋继承人之一陈瑞益告诉记者，这幢老洋房落成于1929年，由他祖母黄阿厝所建。当时一、二楼还作为妇产科诊所，所以取名为"保生堂"。

　　陈瑞益说："我祖母是个医生嘛，从台湾过来的。她学的是日本妇产科医生的先进技术，当年在厦门来讲她是鼎鼎有名的产科医生和儿科医生。祖母已经于20世纪60年代中期去世，生前长期在保生堂行医。我们家曾经还留有祖母抱着亲手接生的三、四胞胎一起合影的老照片。"

1937年7月28日，厦门各界抗敌后援会在小洋楼宣告成立，原本是私人诊所的保生堂，一下变成了当时指挥抗日救亡运动的大本营。

　　陈瑞益说："后援会就是联系厦门各界的经济实体，声援在前线浴血奋战的抗日健儿们。总的来说，有钱出钱，有力出力，共同保卫我们这个国家，驱逐日寇，就是这个宗旨。"

当时正值"七七事变"之后，日本为准备入侵我国东南沿海地区，不断派遣飞机、军舰袭扰厦门。当时，厦门在五个月内被空袭三十七次，六十多间大小楼房被炮火夷为平地。在这个关系到民族存亡的紧急时刻，厦门人民的抗日情绪高涨，国共两党联合抗日，由此有了厦门各界抗敌后援会的成立。

中华街道文安社区关工委常务副主任许幸福告诉记者，近年来社区组织夏令营活动，他常常带辖区孩子们参观后援会会址，给他们讲述这段历史：

"1937年'七七事变'以后，厦门各界就组织了抗敌后援会。先后组织十一个部，有宣传的，募捐的，慰劳的，救护的，救济的，交通的，侦察的，粮食的，国货的，支援的，财务的。"

厦门各界抗敌后援会成立时，选举出执委六十九人、常委二十三人，其中国民党厦门市党部陈联芬被推选为主任委员。后援会下设的十一个部中，有七个部后来改为工作团，其中宣传、慰劳两个工作团的领导权逐渐被中国共产党所掌握。当时，

163

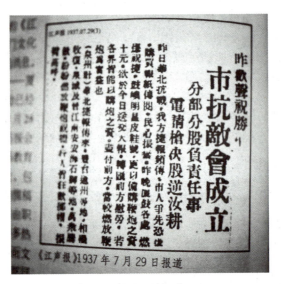

后援会成立的报道

在共产党员施青龙、洪学礼、林云涛、谢忆仁等同志的领导下，这两个工作团出版了《抗敌导报》等救亡刊物，并且走到街头、深入农村进行演讲，开展文艺演出等抗日宣传活动，组织大规模抗日游行及募捐慰劳公演，发动群众献金献力，慰劳前线抗日将士及金门难民等。

许幸福说："1938年5月厦门沦陷以后，我们共产党领导的这两支宣传和慰劳服务团，与其他四个中共厦门工委领导的抗日救亡团体联合组成了厦门青年战时服务团，撤离厦门，开赴闽西、闽南、东南亚一带，继续开展抗日救亡活动。"

1937年9月3日，由共产党员洪凌领导的"厦门儿童救亡剧团"也在保生堂正式宣告成立。这个剧团的前身是厦门鸽翼剧社和绿苗文艺研究社，共有团员三十多人，大多在十二三岁之间，最大的17岁，最小的才7岁。

新中国成立后，保生堂的身份变得复杂。陈瑞益说，这里曾经进驻街道办事处、文安派出所，还安置过钟表厂的工人、困难群众等。"文革"时期，红卫兵以"破四旧"的名义进来破坏，把精美的假山、壁雕毁坏了大半。改革开放后，国家落实政策，保生堂的产权和使用权才回归到黄氏后人手里。但经历了风风雨雨的小洋楼已经千疮百孔，成为危房。陈瑞益说，他在老宅子里生活了三四十年，看着宅子老旧不堪，他也心疼。可是维修费用高昂，眼下只能慢慢修复。

1982年3月，保生堂被市政府公布为厦门市文物保护单位。

八十多年前的厦门抗战记忆

升平路 7 号

　　在厦门老城区，有一栋隐于闹市中的骑楼建筑。这栋老宅平淡无奇，身份却很特别——曾经是中共厦门工作委员会机关所在地。抗战前夕，从这里发出的一道道抗日救亡的指示，为厦门建立抗日民族统一战线作出了不小的贡献。

记者按图索骥，找到了升平路7号，门牌旁边，写有"中共厦门工作委员会机关旧址"字样。这是一栋四层楼高的骑楼建筑，坐南朝北，砖混结构。入口窄，楼道旧，里外看上去都毫不起眼。

厦门文史学者龚洁告诉记者，八十多年前，中共厦门工作委员会秘密办公地点，就在这栋楼的二层。之所以隐蔽在这里，就是看中了当时的特殊环境。

> "这个地方原来都是各国的洋行，有参行、茶行等各行各业。洋人、本地人、外地人都在那边，所以便于隐蔽，这是很重要的一个条件。它离海边码头很近，当时是第三码头、第四码头，往来都非常方便。如果出问题，疏散也很方便。"

1936年7月，中共厦门临时工作委员会（后为中共厦门工作委员会）在这里悄悄成立，尹林平担任临时工委书记（后为工委书记）。当时，正值全国革命形势的低潮，厦门的革命形势也同样严峻。为安全起见，共产党人不得不在这里秘密开展工作。龚洁说：

"当时到升平路 7 号去，不能大摇大摆进去，要有借口，要有伪装。他们有接头暗号，各自伪装为商人、工人等身份。但不是大规模的，是单线联系。办公地点就是住的地方。（这里）是两三个人讨论、汇报工作，小范围的，像小组会议那样的。讨论以后，传达指示，你的情况我知道了，你回去怎么干，1、2、3……就这么回事。"

中共厦门临时工委会成立后，升平路 7 号这间十几平方米的民房，就成了中国共产党在厦门建立抗日民族统一战线，领导民众开展抗日救亡运动的指挥中心。随着当年一道道抗日救亡指令的发出，各种抗日救亡群众组织应运而生，有力地推动了厦门抗日救亡运动的开展。

龚洁说："当年厦门的抗日救亡组织多如雨后春笋，后来就统一起来，叫厦门市抗日救亡委员会。这里面有尹林平领导的，也有他手下的支部的党员领导的，也有国民党的。这里面比较突出的有厦门儿童救亡剧团、青年救亡剧团，以鼓浪屿二中为代表。后来两个团合起来，叫厦门少年儿童救亡剧团，一路宣传抗日，号召大家团结，捐钱捐物。

他们到漳州、广东、广西、香港等地及柬埔寨、缅甸等国，还得到了邓颖超的接见。"

抗战记忆

1938年5月厦门沦陷前夕，工委组建了厦门青年战时服务团，全团共一百零八人，分成九个工作队，其中第九工作队根据党的指示远赴南洋宣传抗日慰问侨胞，其余八个工作队分别到漳州等地开展抗日救亡运动，发动群众武装保卫闽南。

为适应形势变化和斗争的需要，当年中共厦门工委会撤往漳州，与中共漳州工委会合并为中共漳厦工委，负责领导厦门、漳州两地的抗日斗争。

如今，这一旧址所在民宅保存完整，2013年，被思明区政府列为未定级不可移动文物。

链接：尹林平其人

尹林平（1908—1984），曾用名尹利东、林平，江西兴国人，1931年加入中国共产党。他曾经是红军独立团团长，在红军长征和东纵北撤之际，先后奉命留在福建和广东，坚持敌后武装斗争，是"留守将军"；在香港大营救中，他是前线参与具体指挥者之一。中华人民共和国成立后，曾任中共广东省委书记、省政协主席等职。

尹林平在厦门

1935年，全国革命形势处于低潮时期，中央红军在第五次反"围剿"失败后，正在进行艰苦的二万五千里长征。闽西、闽南、闽北等地的处境也十分困难，厦门的革命形势也同样严峻，革命力量日渐薄弱，党的组织无法得到有力发展。

时任中国工农红军闽南独立第二团团长的尹林平，当时在闽南一带发动群众，打击地方反动武装，扩大了游击区，后被调任红军闽南游击队第二支队支队长。红军主力长征后，尹林平继续率红二支队在闽南一带坚持斗争。为保存革命力量，尹林平决定改变斗争策略，将红军分散隐蔽活动。随后，他便到厦门向上级党组织汇报情况，也为自己带领的组织争取经费。

中共厦门临时工委会成立三个月后，香港的中共南方临时工作委员会得知了厦门的情况，让尹林平前往汇报工作。厦门文史学者龚洁告诉记者，当时的南方工作委员会给了尹林平三条任务：第一，赶快把以前党支部的一些联络关系收集恢复起来；第二，要做统战工作，扩大共产党的影响；第三，发动群众搞抗日救亡运动。

> "从香港回来以后，他就去收集这些人的情况，做统战工作，又做了很多其他工作，对抗日救亡运动产生了很好的影响。"

1937 年 6 月，尹林平回到了中国工农红军闽南独立第三团（简称"红三团"）。由于不久后发生了红三团被国民党包围缴械的"漳浦事件"，尹林平再次前往香港向中共南方临时工作委员会进行汇报。龚洁告诉记者，南方临时工作委员会听了尹林平的汇报，告诉他就不要回去了，留在香港，等待组织另行分配工作。

本章图片除公共版权历史档案照片来自网络外，其余照片由记者肖扬拍摄。

卷尾之一

《听见历史的声音：文物传奇》图书由来

　　文物是国家和民族的精神血脉、文化之魂，它们是祖先留给后代的宝贵遗产，是一座城市的温热血脉和特有精神，承载着城市的记忆。习近平总书记曾指出："历史文化是城市的灵魂，要像爱惜自己的生命一样保护好城市历史文化遗产"；"文物是不可再生的文化资源，保护文物功在当代，利在千秋"。

　　在历史底蕴深厚的厦门市思明区，不可移动文物多达 324 处，其中，国家级 5 处（40 个点）、省级 41 处、市级 40 处、涉台文物古迹 18 处（其中单独涉台 5 处）、未定级不可移动文物 198 处，文物数量占全市 68%。它们在悠悠岁月中伫立了百余年，是思明区特殊的"金色名片"。

　　为进一步创新文物保护工作，激发更多社会力量参与文物保护行动，2016 年 10 月，思明区发起"寻根厦门记忆 · 守护思明文物"行动，在全省率先打造"文物守护认领"模式，将辖内 198 处未定级不可移动文物开放让社会力量认领守护，同步成立思明区文物保护志愿服务总队，这个文物守护"大家庭"

思明区文化和旅游局
举办的文物保护系列活动

迄今已有 350 多名"家人"。2018 年，思明区对"文物守护认领"模式进行升级，接续推出"文物宣导"做法，同步成立思明区"文物寻根"成人宣导团和青少年宣导团，旨在以宣导的方式让文物活起来、让文物"说话"。

在此期间，思明区持续推出一系列"文物传承＋"创新做法，其中，2017 年思明区文化和旅游局与厦门新闻广播联手推出百集大型系列广播报道《听见历史的声音：文物传奇》，就是思明区打造的"文物传承＋线上"创新做法之一，旨在通过口述历史的方式，让更多公众通过广播就能了解我们城市文物的前世今生，从而培育更加浓厚的城市情怀，与我们一起共同守护和传承城市历史文脉。

今年，思明区将这百集系列广播报道集结出版线下同名系列丛书，共分三册（季），以飨读者。这是思明区在推动文物保护成果更多惠及市民百姓、融入群众生活方面所呈现的一个诚意作品，希望在阅读这本书的广大读者朋友们，可以从中一窥厦门城的历史源头，感受文物在现代生活中所散发出的独特魅力，因为文物，而爱上一座城。

厦门市思明区文化和旅游局

2020 年 1 月

思明区文化和旅游局
举办的文物保护系列活动

卷尾之二
厦门的起点在这里

2017年底，厦门地铁1号线试运行。如果不是之前改了线，它在老城区的起点站就不是现在的镇海路，而是中山路。

虽然两个选址间的距离不过百米左右，但因为稍作变更，中山路一带历史风貌建筑才得以毫发无损。比如，通奉第巷24号一栋漂亮的百年老宅——蔡源润宅就在拆迁通知书下发之后化险为夷。

蔡源润是民国时代厦门老字号之一——华记绸缎呢绒匹头店的老板。他家境贫寒，五岁就上街卖油条，长大后先是做肩挑小贩，后来开了布店，才得以发家。20世纪40年代，他买下了现通奉第巷24号这栋大别墅，这里便成了蔡家四代人生活的家园。

在采访蔡源润之子蔡福星时，他跟我提起了老宅内藏有"秘密花园"，那是他小时候跟兄弟姐妹们捉迷藏、玩"过家家"的乐园。当我走进后，发现老建筑中西合璧、风韵犹存，花园里假山、亭台、鱼池依然如故；一阵清风拂面，仿佛还能听到当年孩子们奔跑嬉戏的笑声。

我好羡慕蔡福星。我也曾回到我生长的小城，可是找不到一点似曾相识的童年记忆。住过的房子、读过的小学，爬过的后山、淌过的小溪……全都被推倒重来，一切都是新的，就好像从未有过我的痕迹。

一个地方之所以让你魂牵梦绕，不就是因为这里"望得见山，看得见水，记得住乡愁"吗？如果我也留有蔡源润宅这样的秘密花园，我就可以多一点儿时的念想，还可以告诉我的孩子，那里的一草一木都是怎么来的。如果一个城市留有更多这样的文物古迹，这个城市就是耐人寻味的，不是吗？如果不是古遗址、古城墙、古建筑、古墓葬的存在，我们又怎么知道厦门的起点在哪里，厦门是怎么发展起来的，厦门人的精神源头在哪里呢？

由此，从 2017 年 2 月起，思明区文化和旅游局与厦门新闻广播联手推出了百集系列报道《听见历史的声音：文物传奇》。我们的想法很简单："用声音记录历史，让文物开口说话"，就是以不可移动文物为线索，讲述厦门城市的人文历史；通过口述历史，寻根厦门记忆，揭示文物保护的现代意义。

作为厦门老城区，思明区现有不可移动文物三百多处。这些珍贵的文物现在在哪里？它们还好吗？它们背后藏着多少鲜为人知的厦门往事？围绕这些我们关切的问题，厦门新闻广播派出

记者林军采访厦门文史专家
彭一万

刘普在厦门一等邮局
旧址采访

采访小组，分头走访文物点，实地查看；拜访厦门文史专家，解读文物历史；寻访文物所有者、见证人，了解文物的变迁。

这组系列报道从 2017 年推出，到 2019 年完结，历时两年。期间七位主创人员不仅要多方寻访与文物相关的知情人，还担任拍摄文物照片视频、收集文物资料的任务。为了核对某个细节，主创人员不是蹲点图书馆历史文献阅览室查找资料，就是勤跑厦门文史专家、学者家里请教。在我们采访过程中，不断发现一些现有文物资料的错漏，并力求以报道还原更多历史事实。

比如天一楼（厦门市思明西路天一楼巷 21 号）最初的业主同安吴氏兄弟被民间误传是吴文渥、吴文启，但记者找到吴氏兄弟后人（儿子吴亚明和孙子吴志煌）核实，吴氏兄弟其实名为吴清体、吴文屋。鼓浪屿最负盛名的十大老别墅之一——安海路 39 号番婆楼，被民间盛传因为菲律宾华侨——许经权为孝敬母亲而建，而许母曾做番婆（闽南语"外国女人"）装扮，由此得名。记者通过业主后人许经权曾外孙吴米纳的采访，却得到了完全不同的说法，又为老别墅身世增添离奇色彩。令人感慨的是，我们在挖掘文物故事的同时，也记录了文物背后的人物命运。而他们个人奋斗或者家族的兴衰史，恰恰也是中国近代史的一个缩影。

在报道形式上，这组系列报道尝试采用广播纪录片的叙事风格，集合大量采访音响和音乐元素，可听性强。每期报道除

采访结束后，记者陈颖与厦门市博物馆研究馆员靳维柏在厦门城遗址留影

记者肖扬采访丹霞宫巷59号业主刘应心

记者子悦采访岭兜陈氏宗亲会会长陈水来

记者谢文龙采访参加解放厦门战役的
李美臣老先生

记者谢倩欢采访郑成功纪念馆
馆长陈洋

了在厦门新闻广播（FM99.6）新闻节目中滚动播出，还通过厦门新闻广播微信公众号同步推送，广播音频与图文、视频相结合，传播效果倍增。再加上曾被"今日头条""腾讯新闻"等网媒转发，节目阅读量累计百万，反响热烈。

如今百集系列报道结集成册出版，共分三册（分别以第一季、第二季、第三季出版），以飨读者。为突出广播特色，我们奉献的是一套有声读物，通过扫取二维码，读者可以听到原人原声的原版录音报道。为方便读者寻找厦门文物点，厦大出版社还绘制了厦门文物示意图提供参考。不过，由于来自各方来源的文物资料经常互相矛盾，时间、人物等说法各执一词，就连文史专家也持不同看法，这使得我们的报道难免有纰漏，欢迎专家和读者不吝赐教，指正错误。

感谢厦门文史专家彭一万老师的鼎力支持并推荐作序；感谢文博研究员何丙仲老师在百忙之中审定了本书的书稿；感谢厦门文史专家龚洁老师不厌其烦地给予指导和建议；感谢鼓浪屿文化研究学者詹朝霞、吴永奇，原市委宣传部副部长林聪明的无私奉献，为报道提供大量精神食粮和历史素材；感谢老照片收藏者紫日，摄影爱好者白桦、颜宏、陈荣海、李鸢汉、黄见圣等为本书倾情提供个人收藏和摄影作品！

感谢厦门大学出版社为本书编辑出版付出的辛勤劳动！

最后，也感谢阅读这本书的读者们。无论是新老厦门人，还是来去匆匆的厦门访客，相信你和我们一样，都会爱上厦门，或者已经深深眷恋这个美丽的地方。因为厦门的美，不只是"面朝大海，春暖花开"，还在于多元文化的包容，"爱拼才会赢"的闽南精神。而厦门的精气神，并非无源之水、无本之木，其实都可以在文物古迹中找到源头。

厦门新闻广播　陈颖

2019 年 1 月 10 日